한 권으로 끝내는

플라워 데코

지음 **오노 아츠코** 옮김 **강현정**

해든아침

한 권으로 끝내는

플라워 데코

부띠끄사 ⓒ , 2014

초판 1쇄 인쇄일 2014년 2월 25일

초판 1쇄 발행일 2014년 3월 2일

지은이 오노 아츠코   **옮긴이** 강현정

펴낸이 김지영   **펴낸곳** 해든아침

편집 김현주   **디자인** 김경일

마케팅 김동준 · 조명구   **제작 · 관리** 김동영

출판등록 2001년 7월 3일 제2005-000022호

주소 121-895 서울시 마포구 서교동 400-16 3층

전화 (02)2648-7224   **팩스** (02)2654-7696

ISBN 978-89-5979-322-8 (13690)

- 책값은 뒤표지에 있습니다.
- 잘못된 책은 교환해 드립니다.
- 해든아침은 작은책방의 교양 전문 브랜드입니다.

인사말

태양의 눈부심을 꽃은 망설임 없이 받아들입니다.

그 반짝이는 아름다움을 아낌없이 보여주는 꽃들을 재현할 수 있다면….

그런 마음으로 사계절 내내 다정하게 말을 걸어주는 꽃들과의 대화를

좀 더 즐기고 싶었습니다.

꽃이 발하는 빛의 반짝임과 색채·모습·향기를 나름대로 표현하고, 꽃들의

사연이 담긴 이야기를 이미지화 시켜 '사계를 물들이는 플라워 어레인지먼트'

에 표현했습니다.

예로부터 사람들은 꽃을 사랑하고, 각각에 어울리는 형태로 장식해 왔습니다.

이 책에서는 그 마음을 담아 자유롭고, 평화롭게 또 유연한 자세로 꽃꽂이나

어레인지먼트에 임했습니다.

누구나 쉽게 자연 속 꽃의 아름다움을 표현함으로써 생활에 윤기가 흐르고 안

식을 느낄 수 있기를 바라는 마음입니다. 그런 의미에서 이 책이 여러분의 라

이프스타일에 풍요로움과 아름다움을 선사한다면 얼마나 행복할까요?

이 책은 공교롭게도 제가 꽃꽂이에 종사한 지 50년 된 시점에 이 책이 출판되

어 한층 더 감개무량합니다. 항상 따뜻하게 지켜봐주시고 다양한 입장에서 협

조해주신 관계자 여러분께 진심으로 감사드립니다.

저자 오노 아츠코

Contents

 간단한 어레인지먼트 018

행사를 돋보이게 하는 꽃들 034

부케&부토니아 050

티타임과 꽃 062

파도와 꽃 063

베이직 어레인지먼트 064

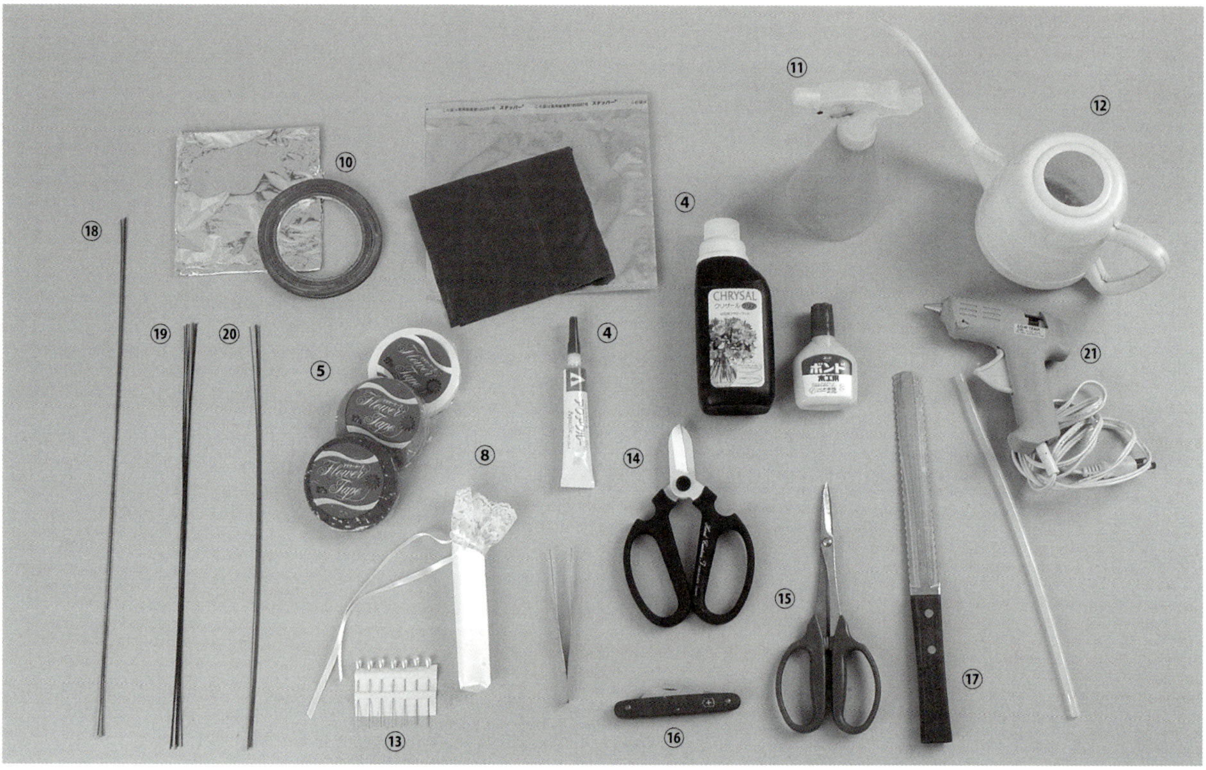

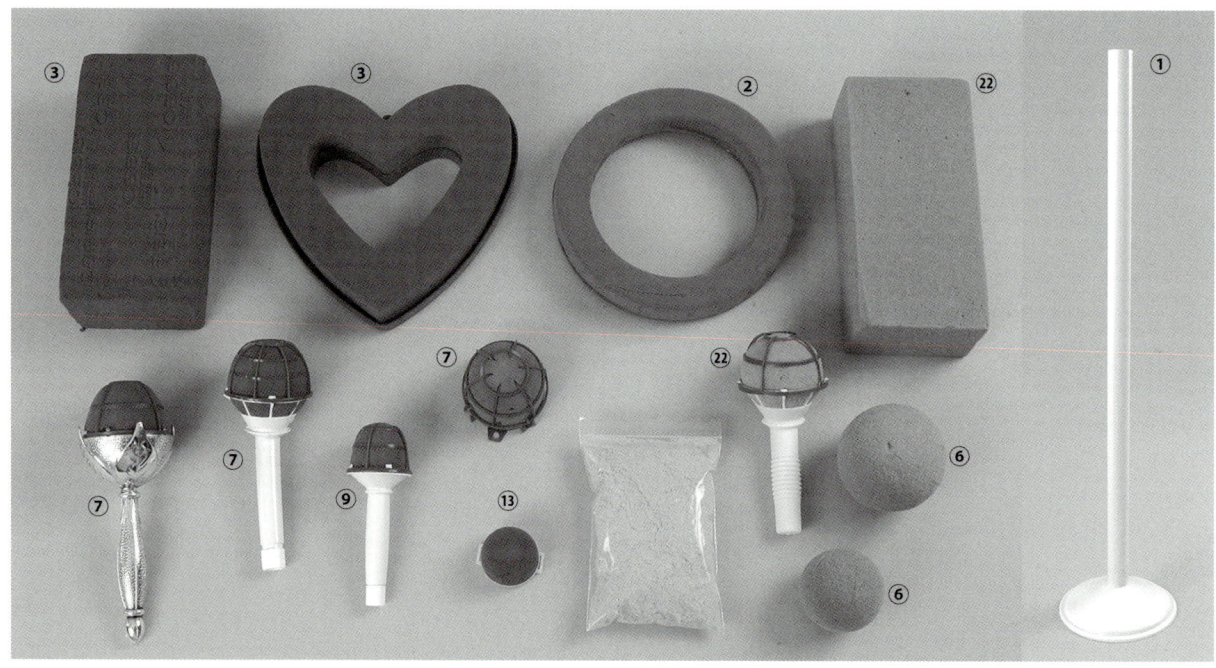

① 부케스탠드	부케를 만들 때, 또는 완성한 부케를 세팅할 때 사용한다.
② 플로럴 링	리스 형을 어레인지할 때 사용한다.
③ 플로럴 폼	꽃을 고정할 때 사용한다.
④ 생화용 접착제	부케홀더에 꽂은 꽃이 빠지지 않도록 고정하기 위해서 사용한다.
⑤ 플로럴 테이프	플로럴 폼이나 치킨 와이어를 화기에 고정할 때 사용한다.
⑥ 플로럴 폼 미니데코	작은 어레인지먼트의 꽃 고정에 사용한다.
⑦ 부케홀더(大)	부케를 만들 때 사용한다.
⑧ 부케홀더 커버	부케홀더의 손잡이를 덮는 것
⑨ 부케홀더(小)	부케를 만들 때 사용한다.
⑩ 플로럴 테이프(그린, 브라운)	부토니아 등의 와이어를 감추기 위해서 사용한다.
⑪ 분무기	꽃에 분무를 할 때 사용한다.
⑫ 물조루	화기에 물을 줄 때 사용한다.
⑬ 침봉	꽃을 고정할 때 사용한다.
⑭ 꽃가위(大)	꽃이나 가지 등을 자를 때 사용한다.
⑮ 꽃가위(小)	세밀한 부분을 자를 때 사용한다.
⑯ 칼	절단면의 단면이 넓어서 화재의 물올림이 좋아진다.
⑰ 플로럴 폼 커터 (또는 식칼)	플로럴 폼을 자를 때 사용한다.
⑱ #26 그린와이어	초록색 잎이나 꽃의 와이어링에 플로럴 테이프를 사용할 수 없는 부분에 사용한다.
⑲ #26 와이어	줄기가 가느다란 화재의 와이어링에 사용한다.
⑳ #22 와이어	줄기가 굵은 화재의 와이어링에 사용한다.
㉑ 글루건	접착제를 바를 때 사용한다.
㉒ 드라이 플로럴 폼	프리저브드 플라워 꽃을 고정할 때 사용한다.

꽃을 고르는 요령

좋은 꽃을 고르는 방법

※ 꽃은 환경 변화를 싫어하기 때문에 가능한 상온 상태에 있는 것을 고른다.

※ 전체적으로 싱싱하고 잎이 건강하며 변색되지 않은 것, 또 꽃잎이 달린 부분도 갈변하지 않은 것을 고른다.

※ 살짝 핀 봉오리가 많이 달려 있는 것(봉오리가 많을수록 꽃이 어리고 오래 유지된다. 하지만 너무 단단한 봉오리는 잘 피지 않는다)을 고른다.

※ 화원에서 꽃을 매입하는 날 저녁이나 다음날 산다(매입한 꽃은 물올림을 마치고 그날 오후나 다음날 점포에 진열하기 때문).

꽃을 오래 보존하는 방법

※ 물을 청결하게 유지하는 것이 중요하다. 줄기가 미끈거린다면 박테리아 때문인지 확인한다. 박테리아가 있으면 물을 흡수하는 도관을 막아서 물올림이 불가능하다. 박테리아가 남아 있으면 아무리 물을 갈아줘도 다시 번식하므로, 이때는 줄기를 깨끗하게 씻고 줄기 끝을 잘라낸다. 화기 안쪽도 꼼꼼하게 씻는다.

※ 꽃에게 쾌적한 환경은 가능한 서늘하고 직사광선이나 바람이 닿지 않는 곳이다. 상처가 있는 꽃이나 잎은 에틸렌가스를 많이 발생시키므로 주위 화목의 노화를 촉진하지 않도록 상처 난 부분은 부지런히 잘라낸다.

※ 꽃꽂이에서는 영양보급도 중요하다. 꽃 연명제에는 물의 부패를 막는 물질과 영양제가 들어 있다. 물을 갈아주는 횟수를 적게 하면서도 오랫동안 아름답게 유지시키기 위해서는 연명제를 사용하는 것도 편리하다. 가정에 있는 대용품으로 염소계 표백제(화기의 약 1%)를 넣으면 물의 오염을 방지하고 박테리아의 번식을 억제할 수 있다.

물올림 방법

꽃가게에서 돌아오는 동안 물올림을 한 꽃이 시들었을 때는 화재의
종류에 따라 다시 물올림을 한다.

연명제를 사용하지 않는 물올림 방법

■ 물속 자르기 [대부분의 꽃]

물이 가득 담긴 그릇 속에서 줄기의 단
면이 3cm 이상 되도록 잘라 그대로 담
가둔다.

■ 부수기 [물올림 하기에 좋지 않은 얇은 가지. 노박덩굴 등]

가지 끝에서 5cm 정도 되는 부분을 섬
유질이 풀어질 때까지 망치로 두드려 부
순다.

■ 십자자르기 [주로 가지.백정화 등]

끝에서 3~5cm 정도에 세로로 칼집을
넣은 뒤 다시 열십자가 되도록 칼집을
넣는다.

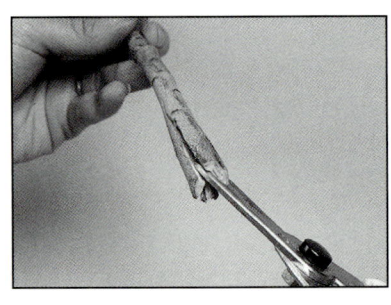

■ 알코올로 분해

[자르면 수액이나 유지가
나오는 것. 블루 스타 등]

그릇에 약 2cm 정도 알코올(위스키·소독용
알코올·에탄올 등)을 넣고 3분 정도 담가두었
다가 알코올 속에서 줄기를 흔들면 수액
등이 쉽게 분해된다.

물올림을 한 후에는…

각각의 방법으로 물올림을 한 후
에는 찬물이 가득 담긴 깊은 용
기에 바로 넣어서 1시간 정도 담
가둔다.

■ 끓는 물에

[들꽃 등(구근계의 꽃에는
적합하지 않다)]

끓는 물에 7초 정도 줄기
의 단면을 담근다. 이때 꽃
에 흠집이 나지 않도록 줄
기를 비스듬하게 넣는다.

꽃을 오래 보존하는 방법

대부분의 꽃은 물속에서 자르고 가지는 끝 부분을 나누어 연명제를 넣은 물에 담근다

(이 경우에도 물에 잠기는 부분의 잎은 떼어내야 물의 오염을 방지하고 더욱 효율적으로 꽃 전체에 물이 전달된다)

물속 꺾기 [가느다란 가지. 국화류 등]

그릇에 물을 가득 넣고 물속에서 비틀 듯이 꺾고 그대로 담가둔다.

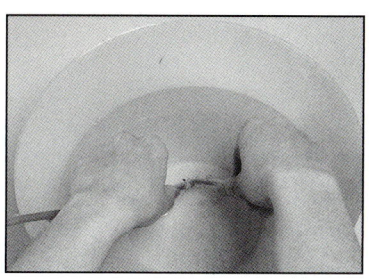

명반 [수국]

명반(또는 수국 전용 물올림제) 수용제에 줄기 끝을 3~5분 정도 담가둔다.

사전준비

물에 데치거나 태우는 경우, 수증기나 열에 꽃이 상하거나 잎의 수분이 증발하는 것을 막기 위해서는 꽃이나 잎의 형태를 정돈해야 한다. 줄기 끝에서 10cm 정도 남겨두고 신문지로 감싼다.

식초

[화초 식물 중 가느다란 줄기. 참억새. 꽃창포 등]

그릇에 식초를 약 2cm 정도 넣고 5분 정도 담가둔다.

태우기 [단단한 줄기. 장미 등]

끝 부분을 5cm 정도 숯이 되도록 태운다.

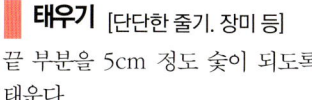

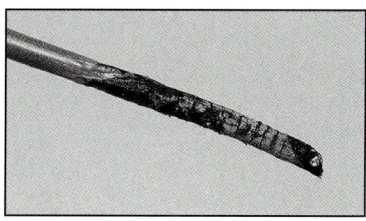

화재는 작품의 크기에 따라 잘라서 사용한다. 화재를 낭비하지 않도록 필요한 길이를 정한 후에 자른다.

잎이나 가지가 초록색인 것

줄기를 길게 붙이면 뒤쪽의 높은 곳에 사용할 수도 있다. 짧은 잎은 빈틈을 메우는 용도로 사용한다.

스프레이 타입의 꽃

긴 가지를 붙인 꽃은 높은 곳에, 짧은 꽃은 낮은 곳에 사용한다.

가지

사용할 곳을 먼저 정한 후에 자른다. 짧은 것은 빈틈을 메우는 데 사용한다.

줄기를 자르는 방법

화재의 굵기나 경도는 꽃의 고정 방법 등 상황에 맞게 줄기 자르는 방법을 선택한다.

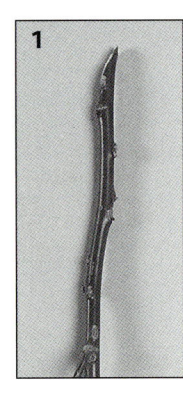

1

수평으로 자르기

튤립, 칼라 등 부드러운 것은 수평으로 자른다.

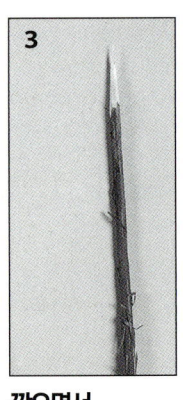

3

깎으면서 가늘게 자르기

백정화, 은엽수 등 줄기가 단단하고 굵은 것에 사용한다.

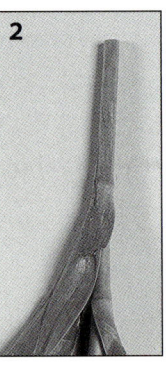

2

비스듬하게 자르기

대부분의 화재는 비스듬하게 잘라서 사용한다. 가지는 2~3cm 껍질을 벗기고 세로로 칼집을 넣어 사용한다.

칼의 사용 방법 (비스듬하게 자르는 경우)

칼은 예리한 것을 사용한다.

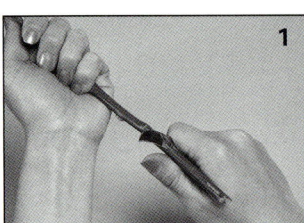 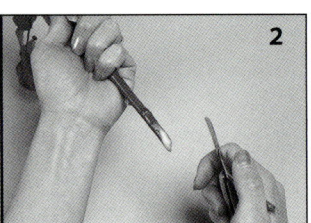

1

줄기를 잘라낼 위치에 칼날을 대고 그대로 앞으로 당겨 비스듬하게 잘라낸다.

2

단면이 커서 물올림을 하기에 좋다. 가위를 사용하면 가위 날 사이에 끼인 줄기가 짓이겨질 수도 있기 때문에 예리한 칼로 한 번에 자르는 것이 좋다.

꽃을 고정하는 방법

화재를 안정시키는 고정 도구에는 플로럴 폼, 침봉, 화재의 가지나 잎, 와이어, 치킨와이어 등이 있다. 이런 도구는 어레인지 타입(화기, 화재, 디자인, 상황)에 따라 선택한다. 여기에서는 단단한 화재에 큰 작품에 적합한 치킨와이어와 침봉을 고정하는 방법을 설명한다.

치킨와이어와 침봉을 사용한 고정 방법

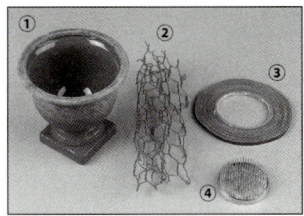

재료

① 화기
② 치킨와이어
③ 플로럴 테이프
④ 침봉

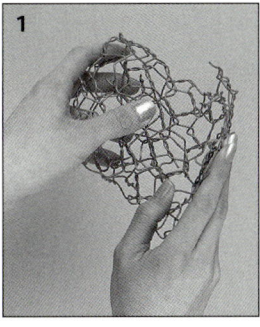

그물코가 4~5cm인 치킨와이어를 화기의 입구 면적의 4배로 자르고, 입구의 크기에 맞춰 모서리를 구부린다.

화기에 딱 들어가도록 모서리를 둥글게 구부린다. 그물코가 망가지지 않고 균일하도록 신경 쓴다. 또 침봉과 치킨와이어 사이는 조금 띄운다.

플로럴 테이프를 세 곳(앞, 왼쪽 뒤, 오른쪽 뒤)에 붙여 치킨와이어를 고정한다. 그리고 물을 넣는다.

플로럴 폼의 사용 방법

선물이나 부케 등 들고 이동하는 것이나 늘어뜨리게 꽂는 디자인에 플로럴 폼을 사용하면 편리하다.

플로럴 폼 다루는 방법

물이 담긴 용기에 플로럴 폼을 띄워 넣고 물을 흡수시킨다.

억지로 누르지 말고 플로럴 폼이 물을 흡수하여 자연스럽게 가라앉기를 기다린다.

콤포드형 화기

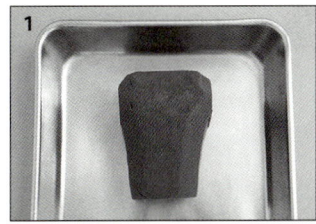

화기에 맞게 플로럴 폼의 네 귀퉁이를 자르고 윗면의 모서리를 깎아낸다.

화기의 테두리에서 2~3cm 정도 위로 올라오게 세팅한다.

불안정한 역원추형 화기

화기에 맞게 플로럴 폼을 역원추형으로 자르고 모서리를 깎아낸다.

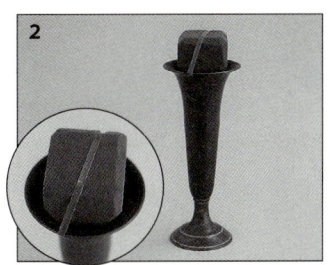

화기보다 2~3cm 정도 위로 세팅하고 플로럴 테이프는 중앙을 벗어난 곳에 비스듬하게 붙여 고정한다.

플라워 디자인 용어집

U 핀
U-shape hairpin 와이어(철사)가 U자 모양으로 구부러진 것.
소재를 고정하거나 지지하기 위해서 사용.

갈란드 garland
복수의 꽃이나 잎, 그 밖의 소재를 길게 연결하거나 이은
것.

그루핑 grouping
꽃을 구성할 때 같거나 다른 소재로 그룹을 만드는 것.

루프 loop
리본 장식의 원 부분.

리스 wreath
화환. 생화, 드라이플라워(건조화) 등을 연결하거나 꽂아서 화
환으로 만든 것.

밸런스 balance
균형, 조화. 화재와 화기, 화재와 화재의 조화를 말한다.

베이직 basic
기본적인, 기초적인. 기본 디자인의 총칭.

부케 bouquet
불어로 '꽃다발'이라는 뜻.

부케홀더 bouquet holder
플로럴 폼과 손잡이가 달린 부케용 기구.

부토니아 boutonniere
가슴에 다는 남성용 꽃 장식.

브라이덜부케 bridal bouquet
신부가 드는 부케.

삽입방법 insertion method
와이어를 줄기 아래쪽에서 꽂아 보강하거나 길이를 낼 때의
방법.

셰이프 shape
모양.

스템 stem
식물의 줄기.

스파이럴 spiral
나선형. 중심의 꽃을 둘러싸듯이 같은 방향으로 서서히 비
듬하게 땋아서 줄기가 선 모양이 되는 것.

시메트리 symmetry
좌우대칭, 균등. 작품의 외형, 화재의 배치 배분에 대해서.

어레인지먼트 arrangement
어레인지먼트는 '정리, 정돈'이라는 뜻이다. 꽃과 꽃, 꽃과
화기, 꽃과 그 밖의 화재를 어레인지하는 것을 말한다.

오너먼트 ornament
장식품.

와이어 wire
철사. 통상 18~30번을 사용. 번호의 숫자가 작을수록 굵다.
#기호는 번호를 나타낸다(예: #18).

와이어링 wiring
디자인상 꽃, 잎, 줄기 등에 철사를 감거나 꽂아서 인공 줄
기를 만드는 것.

조인트 joint
부케를 제작할 때 꽃, 잎, 갈란드가 집중하는 구성상의 지점.

지오메트릭폼 geometric form
기하학적인 형태. 삼각형 등의 기하학적인 형태로 정리하는
어레인지먼트.

치킨와이어 chicken wire
철망. 치킨네트, 와이어 메시라고도 한다. 꽃 고정도구 중
하나.

칼라서클 color circle
색환. 색상환.

컴포트 compote
다리가 달린 기구.

코르사지 corsage
동체를 의미하는 불어. 어깨, 허리, 손, 발 등에 하는 꽃 장식.

코르사지보우 corsage bow
코르사지에 사용하는 작은 리본 장식.

콘트라스트 contrast
대비, 대조, 화재의 형태, 색깔, 질감의 대비 효과.

크로스 메소드 cross method
십자형으로 교차시켜서 고정하는 방법. 비교적 커다란 꽃을 와이어링하는 방법.

트레디셔널 디자인 traditional design
전통적인 디자인.

트위스팅 메소드 twisting method
와이어(철사)를 감아 고정하는 방법.

패러렐 parallel
평행. 꽃이나 잎을 다발로 묶는 부분의 줄기를 평행하게, 똑바로 묶는 방법.

페탈 petal
꽃잎.

포컬 에리어 focal area
작품의 시각상 중심이 되는 부분.

포컬 포인트 focal point
작품의 시각상, 구성상의 초점.

프레임 frame
형태, 틀을 만드는 어레인지먼트의 외형.

플로럴 테이프 floral tape
부토니아 등의 와이어를 감추기 위해서 사용한다.

플로럴 폼 floral form
꽃을 고정하는 도구. 오아시스라고도 하는데 오아시스는 플로럴 폼(흡수성스폰지)의 상품명.

피어스 메소드 pierce method
꽃의 자방, 꽃받침, 줄기 등에 옆에서 와이어를 통과시켜 고정하는 방법.

헤어핀 메소드 hairpin method
와이어(철사)를 헤어핀 모양으로 만들어 잎이나 꽃에 바느질하듯이 끼운 후 아래로 내리는 방법.

황금비율 The golden section
직사각형의 가로와 세로의 관계 등에서 안정된 미의식을 느낀다는 비율로 약 1.618의 비.

후크 메소드 hook method
와이어 끝을 조금 구부려 화심에 꽂아 넣는 방법. 또는 줄기에 와이어를 통과시키고 화심에서 나온 와이어 끝을 조금 구부려 되돌아가는 방법.

기본형과 기본형 활용 디자인
Geometric Forms

플라워 어레인지먼트란 꽃, 나무를 자체로 즐기기보다 공간을 물들이는 장식적인 꽃이다. 기본형에 맞게 하다 보면 초보자도 비교적 쉽게 따라 할 수 있다. 꽃에 익숙해지면 꽃의 특징을 잡고, 어려운 캐스케이드 등 응용형도 할 수 있게 되어 자기 나름대로의 어레인지를 즐길 수 있을 것이다.

장소에 따라

어레인지먼트를 할 때는 꽃을 장식하는 장소에 따라 어떤 스타일로 할 것인지 크게 다음 두 가지로 나뉜다.

삼방정면
벽앞에 장식하여 정면과 양 사이드의 세 면에서 봤을 때 아름답게 보이는 꽃(예: 트라이앵글).

사방정면
어느 방향에서 보아도 아름답게 보이는 꽃
(예: 테이블 꽃).

베이직 디자인 형태-기본형

베이직 디자인은 기하학적인 삼각형, 원형, 사각형, 곡선형을 꽃으로 구성한다.

삼각형 triangle(트라이앵글)
밸런스를 맞춰 안정감 있는 이등변삼각형. 화재에 따라서는 중후한 인상을 준다.

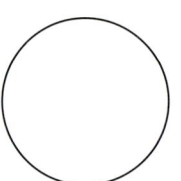

원형 Round(라운드)/Dome(돔)
테이블 꽃으로 대표할 수 있는, 어느 각도에서 봐도 아름다운 꽃꽂이.

사각형 Square(스퀘어)
깊이감이 없는 공간에도 매칭되어 초보자도 꽂기 쉽고 안정감이 있는 디자인.

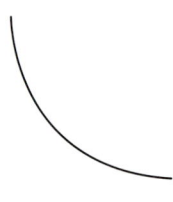

곡선형 Curve(커브)
완만한 커브가 부드럽게도, 모던하게도 되기 때문에 작아도 존재감 있는 디자인. 커브를 그리는 화재를 사용하면 자연스럽게 아름다운 형태가 된다.

베이직 디자인 형태-기본형 활용

베이직 디자인의 기본형을 변형시키거나 조합하거나 방향을 다르게 하는 등 다양한 형태로 꽃을 꽂을 수 있다.

트라이앵글
삼각형

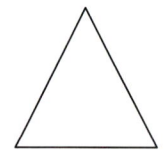 

예: 작품 NO.78

예: 작품 NO.11

부등변삼각형
트라이앵글

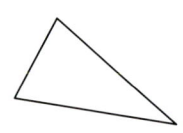

삼각형을 사각형으로 접는다
캐스케이드

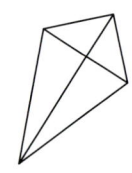 

예: 작품 NO.38

높이를 억제하고 수평에 가깝게
호리즌탈

 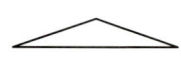

예: 작품 NO.90

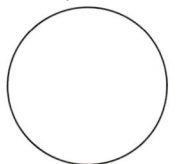

예: 작품 NO.79

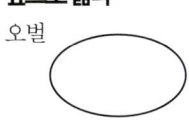

예: 작품 NO.93

원과 가늘고 긴 삼각형의 조합

위가 둥근 캐스케이드

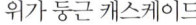

옆으로 넓다

오벌

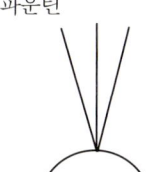

예: 작품 NO.7

예: 작품 NO.92

원과 직선을 조합

파운틴

예: 작품 NO.31

세로를 길게 랙탱글

예: 작품 NO.36

가늘고 길게 버티컬

예: 작품 NO.27

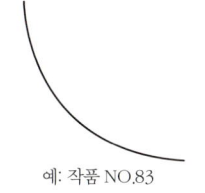

예: 작품 NO.83

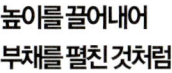

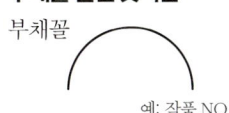

아래로 향한 초승달

크레센트

예: 작품 NO.81

높이를 끌어내어 부채를 펼친 것처럼

부채꼴

예: 작품 NO.95

예: 작품 NO.86

커브를 연결한다

에스(S)

두개의 커브를 조합 엘(L)

예: 작품 NO.87

베이직 디자인은 삼각형, 원형, 사각형, 곡선형 외에…

삼각형, 원형, 사각형, 곡선형의 베이직 디자인을 응용한 심플 플라워 어레인지먼트, 프리스타일 플라워 어레인지먼트가 있다.

심플 플라워 어레인지먼트

가능한 화재에 손을 적게 대는 심플한 디자인

프리스타일 플라워 어레인지먼트

화재 자체의 아름다운 라인이나 컬러 조합을 고려하면서 형태를 잡지 않고 자유롭게 꽂는 디자인.

17

간단한 어레인지먼트

Simple and Easy Arrangement

프리스타일에서 일본 스타일까지 간단하고 세련된 어레인지먼트를 제시한다. 1~3종의 화재^{花材}를 활용한 아이디어가 돋보이는 디자인, 과일이나 야채 등을 이용한 톡톡 튀고 재미있는 어레인지 등으로 공간을 연출해 보자.

■ 프리

한 송이의 튤립으로
모던하게

· ·

화기^{花器}의 형태를 살린 단 한 송이의 어레인지먼트. 물이 올라오면 줄기가 부러지기 쉬우므로 꽂기 전에 잘라서 화기의 라운드를 따라 얹고 꽃을 위로 올라오게 하면 싱싱한 어레인지가 된다.

1

화재 · 부속품
튤립(엑조틱 버드) 1송이
글라스(구경 15cm, 높이 7cm) 지름 20cm

완성 사이즈
높이 15cm 가로 21.5cm 폭 20cm

2

■ 프리

구근도 함께
어레인지

· ·

구근이 아름다워서 구근 상태로 어레인지먼트했다. 내추
럴하게 감긴 덩굴 사이로 보이는 꽃도 평온해 보인다.

어레인지먼트 98p

■ 프리

귀여운
플라워박스

‧‧‧‧‧‧‧‧‧‧‧‧‧‧‧‧‧‧‧‧‧‧‧‧‧‧‧‧‧‧‧‧

귀여운 작은 꽃과 캔들을 함께 장식한,
생일선물로 좋은 플라워박스.

어레인지먼트　100p

3

4

■ 라운드

꽃다발에
와인을 곁들였다

‧‧‧‧‧‧‧‧‧‧‧‧‧‧‧‧‧‧‧‧‧‧‧‧‧‧‧‧‧‧‧‧

꽃다발에 와인을 곁들여 핸드백형 화기에 담았다.
생일이나 화이트데이에 안성맞춤이다.

어레인지먼트　99p

5

■ 바스켓언더핸들

초여름의 청량한
바람을 유혹하며

귀여운 바구니에 상큼한 꽃들을 향긋하게 담아 디자인.
바구니의 무늬를 살려 어레인지한다.

어레인지먼트 102p

6

■ 스퀘어

랩핑에도
마음을 담아

컬러를 살짝 시크하게 배합했다. 피아노 발표회에 어울
릴 것 같은 랩핑으로 세련되게 연출했다.

어레인지먼트 104p

작은 꽃다발

■ 오벌

파티 어레인지가
미니 꽃다발 선물로 변신

작은 꽃다발 여섯 묶음을 만들고, 달걀형으로 배치한 귀
여운 파티 어레인지먼트. 파티가 끝나면 미니꽃다발로
분리하여 초대한 손님들에게 선물해보자.

어레인지먼트 105p

7

8

■ 행잉

창가를 화사하게!
톡톡 튀는 연출

⋯⋯⋯⋯⋯⋯⋯⋯⋯⋯⋯

컬러풀한 빈 캔을 이용한 행잉. 각각의 연출 방향을 다르
게 해서 움직임이 느껴지게 했다.

어레인지먼트 106p

9

■ 스퀘어

양철 트레이의
아름다운 변신!

⋯⋯⋯⋯⋯⋯⋯⋯⋯⋯⋯

반질반질 윤이 나는 부엌에 어울리는 스타일.
이사를 축하하며 허브를 선물해보자.

어레인지먼트 107p

23

■ 라운드를 의식하고

안이 보이는
바구니의 생명

새로운 생활을 응원하며…. 예쁜 빈 캔에 어레인지한
꽃을 채소 바구니에 담기만 하면 끝!

어레인지먼트 108p

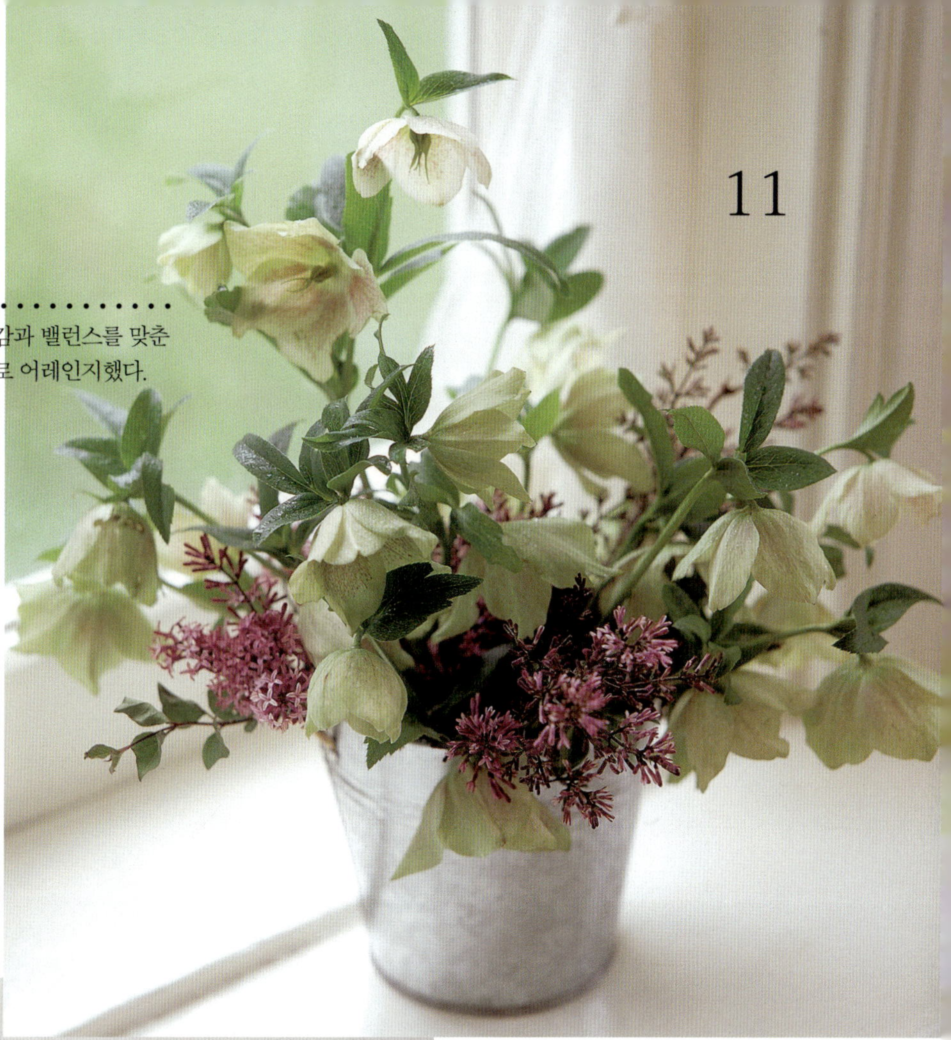

부등변삼각형

색조를 억제하여
쿨하게…

크리스마스로즈와 라일락을 입체감과 밸런스를 맞춘
부등변삼각형의 캐주얼한 느낌으로 어레인지했다.

어레인지먼트 109p

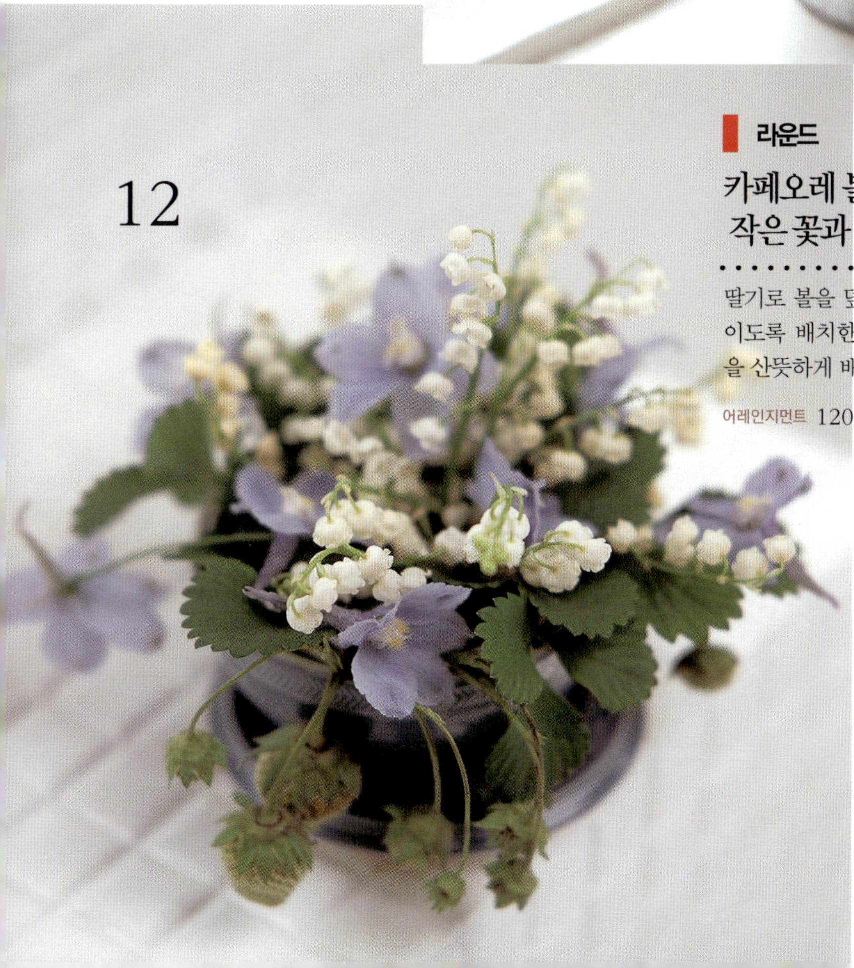

라운드

카페오레 볼에 장식한
작은 꽃과 딸기가 봄을 부른다

딸기로 볼을 덮듯이 꽂아 넣고 은방울꽃의 흰색을 돋보
이도록 배치한 후 마지막으로 밸런스에 맞춰 델피니움
을 산뜻하게 배색했다.

어레인지먼트 120p

13

■ 파운틴

고원의 바람에 나부끼는
꽃다발

작은 꽃과 미니야채의 산뜻한 조합이 멋진 부케.
미니가지의 보라색이 포인트이다.

어레인지먼트 111p

14

■ 프리

작은 꽃다발

작은 꽃과 케일을 라피아로 투박하게 묶어 내추럴한 꽃
다발로 만들어보았다.

어레인지먼트 112p

■ 프리

컬러풀한 파프리카로
부엌을 산뜻하게

파프리카의 색깔에 맞춰 야채의 꽃이나 들풀을 라운드
형으로 꽂아 부엌 창틀에 나란히 올려보자.

어레인지먼트 113p

15

■ 프리

그레이프푸르트로 맞이하는
멋진 휴일

그레이프푸르트 껍질로 그릇을 만들고 빈병을 넣는다.
병 속에 파슬리를 넣어 고정도구로 삼고 작살나무의 아
름다움을 강조하듯이 길게 늘어뜨린다.

어레인지먼트 114p

16

■ 하트 리스

스페니시 모스에
선홍초를 함께

· · · · · · · · · · · · · · · · · · · ·

스페니시 모스에 선홍초를 배합해서
하트 모양으로 디자인한 귀여운 화환.

어레인지먼트 115p

17

프렌치샤포

안개꽃으로
상큼한 꽃 모자를

델피니움 둘레를 안개꽃으로 방사선형으로 어레인지한
꽃모자 디자인.　　　　　　　　어레인지먼트 116p

리스

어린잎의 상큼함이 돋보이는
청미래덩굴 리스

청미래덩굴 화환에 벚나무 가지로 만든 연필 장신구를
달아보았다.　　　　　　　　어레인지먼트 117p

리스

초대의 마음을
리스에 담아서

심플한 붉은 덩굴 리스에 연둣빛 수국과 초콜릿코스모
스로 포인트를 주었다.　　　　　　어레인지먼트 118p

프리

해먹에
이끼뭉치를 올려서

신서란 해먹에 이끼를 뭉쳐 배치했다. 흔들리는 와이어
플랜츠가 상큼한 느낌을 준다.　　　어레인지먼트 120p

클레마티스로
촉촉하게

어린 대나무 오너먼트 사이로 침봉에 클레마티스를 좌
우로 길게 꽂고, 윤판나물과 새우난초로 깊이감을 더해
일본 스타일로 연출했다.

어레인지먼트 **122**p

22

23

■ 프리 – 일본 스타일 –

주기와 술잔에 담은 화초의 수수함

고비 뿌리를 살리고 윤판나 물을 왼쪽 앞으로 흘러내리 게 밸런스를 맞춘다. 주기(酒器) 와 세트인 두 개의 술잔에 붓꽃과 쑥부쟁이 꽃을 꽂았 다. 각 어레인지의 조화를 고 려하는 재미가 있는 디자인.

어레인지먼트 123p

■ 프리 – 아시아 스타일 –

파초일엽으로 느껴보는 아시아 스타일

파초일엽을 둥글게 감아 베이스를 만든다. 안스리움과 셀로움은 앞·위에서 봐도 부등변삼각형이 되도록 밸런 스를 맞춰 아시아의 향기를 느낄 수 있게 디자인했다.

어레인지먼트 124p

24

25

■ 프리 – 프렌치 스타일 –

자두를 곁들여
후루츠한 느낌을

· ·

후루츠한 자두가 포인트가 된 세련된 어레인지.

어레인지먼트 125p

■ 프리

가막살나무로 연출한
초여름

. . . .

라일락의 적자색과 가막살나무의 상큼한 그린 컬러로
초여름을 연출했다. 투명한 유리화기에 어레인지할 때에
는 화재의 아랫부분도 배려해서 산뜻하고 아름답게 보
이도록 꽂는다.

어레인지먼트 **126**p

26

27

■ 버티컬

버티컬로
산뜻하게

. . . .

범부채 열매 하나를 유리컵 3개와 비커를 이용하여 산뜻
하게 배치한 버티컬 디자인의 어레인지. 한 송이만 꽂았
는데도 모던하다.

어레인지먼트 **127**p

행사를 돋보이게 하는 꽃들

Festive Occasions

계절의 다양한 장면을 모아, 사계절의 꽃을 활용한 어레인지먼트를 제안했다. 생활 속의 포인트로 창가나
거실을 멋지게 연출해보자.

easter 이스터(부활절)

예수의 부활을 기리는 날로, 춘분 이후의 만월 다음에 오는 일요일이다. 토끼와 달걀을 연
결 짓는 전통은 나라마다 다양한데, 생명과 번식력의 상징이라는 공통점이 엿보인다.

28

링 어레인지먼트

이스터컬러를 다채롭게 표현!

라눙쿨루스의 노란색으로 노른자를, 락스파의 보라색으
로 이스터컬러를 표현해보자. 파인 부케홀더로 둥지의
이미지를 링 어레인지먼트. 어레인지먼트 **128**p

Halloween 할로윈 (10월 31일)

기독교에서 11월 1일은 만성절이고, 그 전야제는 할로윈이다. 원래는 유럽 문명의 기초를 이룬 고대 켈트민족이 겨울을 맞이하는 진화제로, 사자死者의 혼이 집에 돌아오는 날이라고 믿었다고 한다. 그렇게 전해 내려온 전통이 미국으로 건너가, 악마나 마녀로 가장한 아이들이 맛있는 것을 주지 않으면 못된 짓을 하겠다(trick or treat)며 과자를 달라고 이웃집을 방문하는 할로윈이 되었다. 이 날은 잭오랜턴Jack-o'-lantern이라는 호박 전등이 필수이다.

29

■ 링 어레인지먼트

신나는 할로윈데이
....

호박을 도려내어 그릇으로 만든, 할로윈데이만의 독특한 어레인지. 호박 랜턴(잭오랜턴)에 불을 켜서 코디네이트해보자.

어레인지먼트 129p

The Doll Festival
Match 3rd

히나마츠리

일본에서는 에도시대 중기부터 3월 3일 삼짇날에 여자아이가 있는 집에서는 아이가 행복하게 성장하기를 기원하며 히나 인형을 장식하고 히시모치, 백주, 복숭아꽃 등을 장식했다.

※ 히시모치 : 홍.백.녹의 삼색 떡을 마름모꼴로 잘라 포갠 것. 삼짇날 차려 놓는다.

▌스퀘어
꽃병풍의
히나 장식

페트병으로 화기를 만들어 스퀘어 (병렬로 화재를 배치하는 것)로 디자인하고, 히나 인형의 뒤쪽에 병풍처럼 꾸몄다.

어레인지먼트 130p

30

▌프리
달콤한 향기…
히나마츠리

핑크 컬러의 비단향꽃무가 왕비, 그린 컬러의 섬시호는 왕처럼 보이게 한 귀여운 디자인. ℓ셰이프를 의식해서 복숭아꽃을 장식했다.

어레인지먼트 132p

31

▌프리
깜짝 상자 같은…
작은 꽃으로 장식한 히나마츠리

파우더 플로럴 폼을 히시모치처럼 층층이 다른 색으로 물들인, 깜짝 상자 같은 '히나마츠리'의 어레인지먼트이다.

어레인지먼트 134p

32

36

Boy's Day
May 5th

한국과 달리 일본의 5월 5일은 남자아이의 명절인 '단오절'이다. 남자아이가 있는 집에서는 고이노보리(잉어 깃발)나 무사 인형을 장식하여 아이가 용감하게 성장하기를 기원한다. 창포의 잎 모양이 칼과 비슷하고 상무[尚武](무예를 숭상함)의 일본어 발음이 같기 때문에 힘세고 용감하다는 이미지가 있다.

33

▍부채꼴

곧고 길게 뻗어나가는
꽃창포의 기상처럼

흰색과 보라색 창포로 힘센 부채꼴 모양으로 어레인지했다. 정취가 있는 쇠솥에 키가 큰 창포를 사용해 돋보이게 했다.

어레인지먼트 133p

Mother's Day 어머니의 날(5월 둘째 주 일요일)

어머니에게 감사하는 날. 안나 자비스라는 미국 소녀가 죽은 어머니의 기일에 생전에 어머니가 좋아하던 카네이션을 바친 것이 대통령(1914년 윌슨대통령)**의 귀에 들어가면서 '어머니를 기리는 날'로 미국의 기념일이 되었다.**

34

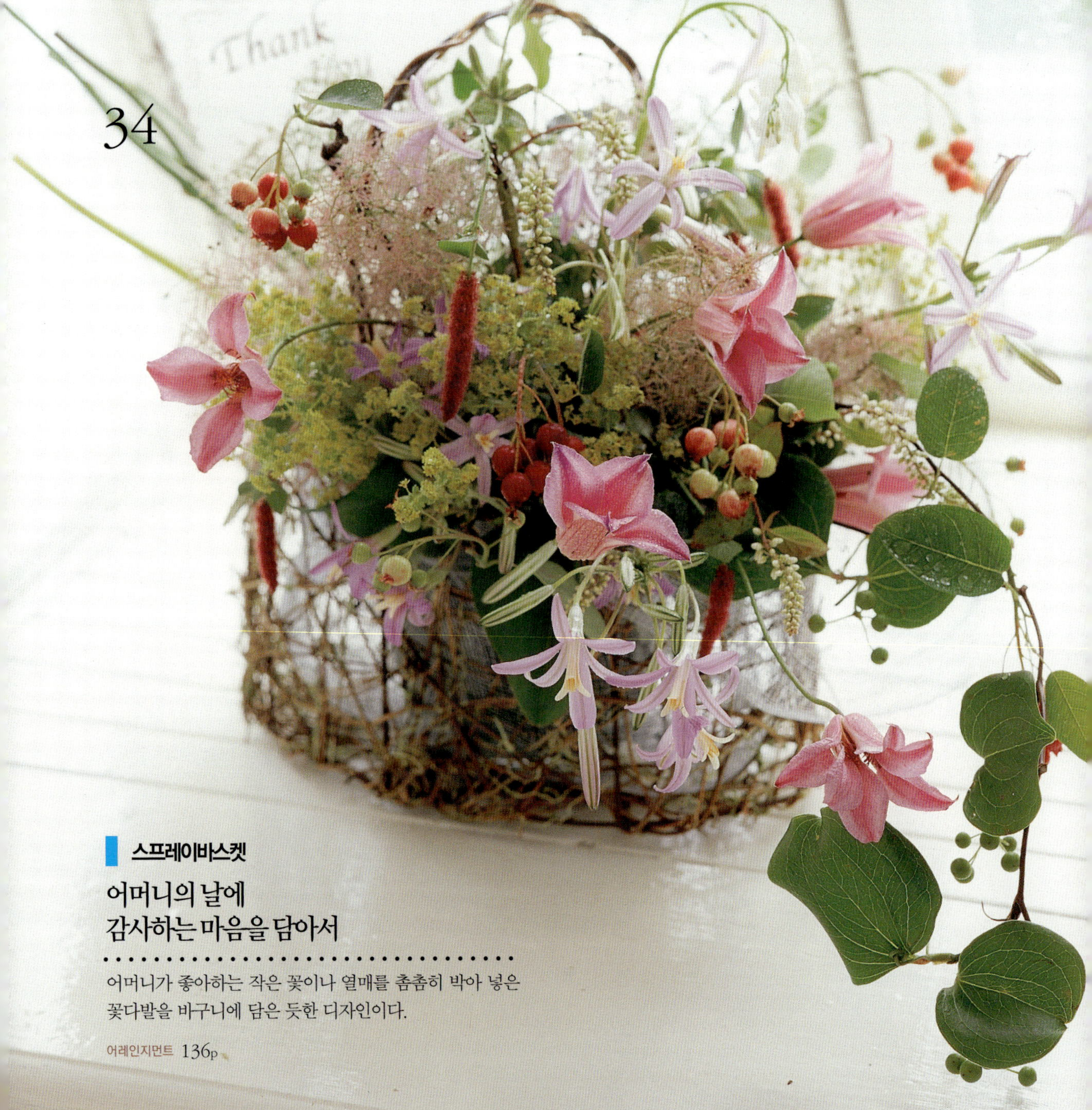

스프레이바스켓

어머니의 날에 감사하는 마음을 담아서

어머니가 좋아하는 작은 꽃이나 열매를 촘촘히 박아 넣은 꽃다발을 바구니에 담은 듯한 디자인이다.

어레인지먼트 136p

■ 부등변삼각형

강하지만 내면은 부드러운
아버지를 위해, 선물과 함께

아버지가 좋아하는 와인도 함께 담아 감사하는
마음을 꽃다발로 대신 전해보자.

어레인지먼트 138p

Father's Day

아버지의 날(6월 셋째 주 일요일)

아버지에게 감사하는 날. 1972년에 미국의 기념일이 되었다. 주로 장미가 쓰이는데 개성을 연출하기에도 그만이다.

Otsukimi 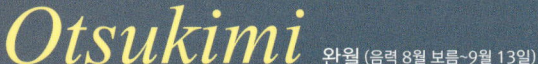 완월 (음력 8월 보름~9월 13일)

달을 '달님' 이라고 부르며 숭상하는 일본인들에게 매우 친숙한 행사이다. 일반적으로 경단과 가을의 수확물을 바치고 참억새와 가을을 상징하는 일곱 가지 풀을 장식한다. 중추의 명월 '십오야' 를 '우명월[芋名月]' 이라고도 하는데, 가을에 재배되는 새끼 토란이나 고구마 등을 바친다.

36

■ 랙탱글 – 일본 스타일 –

가을의 정취,
달맞이

단풍이 든 강아지풀, 땅두릅, 도라지, 활처럼 굽은 참억새 잎, 이 시기에만 볼 수 있는 화재를 모아 플로럴 링을 이용해 길게 어레인지하여 가을의 정취를 표현했다.

어레인지먼트 139p

■ 프리

결실의 가을을
바구니 한가득

그림처럼 아름다운 포도, 석류나무 열매를 바구니에 한
가득 담고 으름덩굴을 늘어뜨려 결실의 가을을 이미지
화했다.

어레인지먼트 140p

37

Thanksgiving Day 결실의 가을 (수확제)

미국의 추수감사절을 비롯해 중국, 한국, 일본 등 많은 나라에서 수확의 기쁨을 기념하는데, 프랑스, 이탈리아 등에
서는 포도수확을 기념하는 축제도 있다.

Christmas 크리스마스(12월 25일)

예수 그리스도의 탄신제로, 집 안팎에
트리와 리스를 장식하고 촛불을 켜고 축
하하는 날이다. 크리스마스 컬러인 레드
(영원한 사랑), 화이트(순결), 그린(영원한
생명)은 각각의 의미가 있다.

38

■ 캐스케이드

크리스마스 데코레이션
· ·
생화로 만드는 화려한 크리스마스 데코레이션. 노란색이
감도는 노송나무 잎에 빨간색 장미와 흰색 오키드로 서
로 대조되는 효과를 살리고, 포인트로 장미레드빛 열매
를 장식하여 화려함을 돋보이게 했다.

어레인지먼트 142p

39

40

■ 트라이앵글

키친 오너먼트

유백색 마늘과 선명한 빨간 고추를 장식하면 작은 가지도 귀여운
키친 오너먼트가 된다. 어레인지먼트 144p

■ 크레센트

화려한 도어 오너먼트

문이나 벽면을 화려하게 수놓는 크레센트형 데코레이션. 치킨와이
어를 베이스로 이용해서 가벼움을 살린 아이디어 장신구이다.
어레인지먼트 145p

41

42

■ 하트 리스

시크한 하트 리스

이색적인 소재의 프리저브드 플라워로 시크한 이미지를 연출했다.
크리스마스 플레이트를 떼어내면 평소에도 사용할 수 있다.
어레인지먼트 146p

■ 리스

포인세티아 리본으로 크리스마스 분위기를!

프리저브드 플라워로 만든 리스이다. 화려한 포인세티아 무늬의 리
본을 장식했다. 어레인지먼트 147p

The New Year 정월

설날 장식은 오곡신을 맞이하는 환영의 의미와 새로운 해의 번영, 풍작, 안전을 기원하고 조상의 혼령에게 제사지내는 한국, 일본, 중국 등의 고유의 관습으로, 일본에서는 음력 설이 아니라 양력 설을 지내며 행사 마지막 날(1월 7일까지)이 지나면 신사 등에 안치하여 불에 태운다. 이때 화재로 이용되는 소나무는 영원한 번영을 의미하는 상록수이다.

ㅣ O를 의식하며

아마릴리스를 이용한 정월 어레인지

우아하게 휘어지는 붉은 버들을 아름답고 다이나믹하게 어레인지. 화려한 아마릴리스와의 조합으로 모던한 이미지를 연출한 정월 디자인이다.

어레인지먼트 148p

■ 부채를 의식하고

대왕송과 호접란으로
화려하게

· ·

부채를 펼친 듯한 대왕송은 정월에 어울리는 화재이다. 우아한 호접란과 금색 철사로 어레인지한 격조 높은 정월 꽃꽂이.

어레인지먼트 149p

■ 스퀘어

침엽수에 곶감을
어우러지게

· ·

대왕송을 가지런히 자르고 포인트로 곶감을 장식했다.

어레인지먼트 150p

46

■ 부채꼴

죽탄과 소나무의 모던한
정월 장식물

죽탄과 소나무를 부채꼴 모양으로 묶고
그 위에 부채를 장식한 모던한 정월 장식물이다.

어레인지먼트 151p

47

■ 갈란드

굴거리나무 갈란드로
맞이하는 신년

초봄에 어울리는 굴거리나무로 만든 정월
갈란드. 고급스러운 리본과 술을 사용하여
한층 더 화려해졌다.

어레인지먼트 153p

48

■ 프리

색종이로 포장한
현관 장신구

홍백색 색종이에 어린 소나무 가지나 남천 등을 얹고 감싼
후 가는 끈으로 매듭을 지어 단단히 묶은 현관 장신구이다.

어레인지먼트 152p

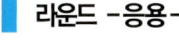 라운드 -응용-

팬지와 코다타를 함께

벨벳 감촉의 꽃잎 때문에 깊이감이 느껴지는 팬지와 두툼한 코다타를 함께 장식하여 따스한 분위기를 표현했다.

어레인지먼트 154p

■ 프리

흰동백의 맑고 투명한 기품

맑은 기품이 있는 흰동백은 정밀하고 고즈넉한 분위기에 잘 어울린다. 차분한 느낌의 죽탄에 한 송이 동백만을 장식하여 모던하게 연출.

어레인지먼트 155p

51

■ 프리

초봄을 기다리는 납월

섣달의 바쁜 시기에 조용히 피어나는 납매. 동색 계열의 귀족적인 수선화와 만년석송으로 수면을 덮은 경치를 도기에 담았다.

어레인지먼트 156p

프리

살며시 다가와
문을 두드리는 봄

벚나무와 초목이 싹튼 운용버들로 봄이
찾아온 것을 표현했다. 직선과 곡선을
이용한 입체 구성으로 어레인지 했다.

어레인지먼트 157p

53

| 프리

천엽벚나무를
촘촘하고 모던하게

커브를 그리며 천엽벚나무를 휘
감은 샤프하고 모던한 이미지의
어레인지먼트.

어레인지먼트 158p

54

| 프리

가지 하나만으로
사랑스럽게

부드러운 톤의 벚나무를 투명한
유리잔으로 고정했다.

(※ 화재: 벚나무)

49

부케&부토니아

Enveloped by bright flooding sunlight··· Bouquets & Boutonniere

복장에 어울리는 부케를 만들어 마이웨딩이나 소중한 친구에게 선물하는 것은 어떨까? 계절감이 느껴지는 디자인이나 좋아하는 꽃으로 멋지게 연출해보자. 꽃의 조합을 다르게 하면 디자인도 다양해진다.

프래시

55

캐스케이드

내추럴하게 묶는
캐스케이드 부케

작은 꽃을 캐스케이드 형으로 손으로 묶어 내추럴한 이미지로 어레인지한 부드러운 화색의 부케이다.

어레인지먼트 159p

화려한
샤워 부케

화려하고 달콤한 컬러 조합에 부드러운 이미지의 샤워
부케는 쏟아지는 빛을 이미지화한 청초한 디자인.

어레인지먼트 162p

56

격조 있는 캐스케이드 부케&부토니아

상쾌한 바람이 코끝을 간질일 듯한 화이트와 그린의 캐스케이드 스타일은 고저스한 여성을 위한 부케이다. 청량하고 품격 높은 백합의 자태가 기품을 느끼게 한다.

어레인지먼트 163p

57

58

어레인지먼트 164p

59

60

어레인지먼트 166p

▌ 라운드

청초하고 스타일리시한
부케 & 부토니아

· ·

섬세한 칼라를 모아서 가느다란 줄기는 나란히 모은 디
자인. 아이비를 휘감아 그린의 볼륨감을 더했다.

어레인지먼트 165p

천사의 날개를
이미지화한 라운드 부케

천사의 날개를 이미지로 하여 디자인한,
차밍한 라운드 부케.

어레인지먼트 **168p**

61

■ 프리

사랑스러운
은방울꽃 부케

. . . .

사랑스러운 이미지의 은방울꽃만으로 내추럴하게 어레
인지한 부케는 소박하면서도 청초한 이미지를 만들어
준다.

어레인지먼트 170p

62

세퍼레이트 타입의
라운드 부케 & 부토니아

· ·

신부에게 행복을 가져다주는 컬러로 섬씽블루를 살며시
넣어 사랑스러움을 더했다.

어레인지먼트 **172p**

63

64

■ 라운드

큐트&로맨틱한
라운드 부케

꿈꾸는 듯한 핑크색 장미로 꽃모자를 이미
지화하여 만든 라운드 부케. 램즈이어의 햄
라인으로 소프트한 이미지를 더했다.

어레인지먼트 **174p**

66

■ 링

사랑의 장미
링 부케&부토니아

앤틱 컬러로 열정적 사랑을 표현한,
장미 링 부케&부토니아

어레인지먼트 176p

67

68

■ 라운드 -응용-

손수건을 이용한
사랑스러운 부케

아이스크림을 담는 종이용기에 세련된 손수건을 매칭하
여 사랑스러운 부케로 어레인지했다. 깊이감 있는 장미
와 붉은색 비즈로 만든 꽃의 조합이 오리지널 꽃을 더욱
돋보이게 한다.

어레인지먼트 178p

라운드
아마릴리스가 개성적인
라운드 부케
⋯⋯⋯⋯⋯⋯⋯⋯⋯⋯⋯⋯⋯
뜨거운 두 사람에게 딱 맞는 아마릴리스의 정열
이 돋보이는 라운드 부케.

어레인지먼트 **182**p

69

라운드
일본 스타일
부케＆부토니아
⋯⋯⋯⋯⋯⋯⋯⋯⋯⋯⋯⋯⋯
달리아(흑접)를 기모노천으로 감싸 일본 스
타일의 모던함을 연출한 부케＆부토니아.
매듭을 곁들여 색다르게 연출했다.

어레인지먼트 **184**p

70

71

어레인지먼트 **186**p

프리저브드 플라워

72

■ 크레센트

청아한 마린블루
부케&부토니아

아름다운 마린블루의 장미는 프리저브드
플라워로, 크레센트 부케&부토니아.

어레인지먼트 188p

73

어레인지먼트 190p

라운드
큐트한
볼 부케

큐트한 크리미 컬러의 장미를 모은, 프리저브드 플라
워로 만든 볼 부케. 어린 여성에게 잘 어울린다.

어레인지먼트 192p

74

핸드백
스윗한
핸드백 부케

스윗한 핸드백 부케는 프리저브드 플라워의 장미를 어
레인지. 펄 비즈가 손잡이를 더욱 화려하게 했다.

어레인지먼트 194p

75

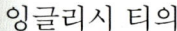

잉글리시 티의

티타임과 꽃

Tea Time Arrangements

76

■ 라운드

평화로운 오후에는
꽃을 장식해보자

• • • • • • • • • • • • • • • • • •

산뜻한 블루&화이트의 기조로 티세트, 테이블크로스,
냅킨을 이용해 여름의 티타임을 연출했다. 메인테이블에
놓인 케이크 접시에는 산들바람을 유혹할 것 같은 꽃을
어레인지해보자.

어레인지먼트 196p

일본차의
다도와 꽃
Flowers for Japanese Tea

77 ▌ 프리 - 일본 스타일 -

부드러운 잎에 감싸여…
따뜻함을 선사하는 동모란

바쁜 일상에서 한숨 돌릴 수 있는 잠깐의 티타임을 평온하게 보내
기 위해 꽃과 과자를 준비해보자. 따뜻해 보이는 동모란의 선명함
이 찰나의 시간에 우아하게 새겨질 것이다.

어레인지먼트 **198p**

베이직 어레인지먼트
Basic Arrangements
트라이앵글

78

밸런스가 잡혀 안정감이 있는 이등변삼각형의 트라이
앵글. 사이드테이블 등에 장식하는 어레인지먼트이다.

78 트라이앵글

화재·부속품
① 헬리코니아(패럿) 꽃 7줄기
② 로호미르투스Rohomirtus 5줄기
③ 버질리아(그린) 2줄기
④ 롬퍼스펜 3매
⑤ 연꽃 열매 2줄기
⑥ 니겔라 열매 3줄기
⑦ 헬레늄 5줄기
⑧ 치킨와이어 25cm×25cm
⑨ 침봉 지름 7cm
플로럴 테이프

화기
구경 14cm
높이 14cm

완성 사이즈
높이 75cm
가로 55cm
폭 30cm

기본 패턴 트라이앵글

정면도

A의 1/2 이하

A=화기(높이+구경)×1.2~2배
B=A×1/2
C=A×1/3

측면도

앞으로 쓰러지지 않도록
10°정도 뒤로 기울여서
꽂으면 안정감이 생긴다.

평면도

B는 A의 뒤에서 수평
(뿌리 부분이 물에 들어가는 정
도)으로 꽂는다.

꽃을 꽂는 방법

포컬 에리어(● 주변)를 만들면 작품에 안정감이 생긴다. 중앙부에 꽃을 단단히 꽂는데, 이 경우 A의 1/2 지점보다 아래쪽으로 넣는다. 바깥쪽으로 갈수록 화수를 적게 한다. 같은 꽃의 경우에는 아래쪽에 큰 꽃을 사용한다.
※ 화재는(특히 눈에 띄는 것) 세로선과 가로선의 선상에 배치하지 말고, 비스듬하게 배치하여 움직임을 준다.

어레인지먼트

1 화기에 침봉을 넣고 그 위로 구부린 치킨와이어를 올린다. 세 곳(앞, 양 사이드의 뒷부분)을 플로럴 테이프로 붙여 치킨와이어를 고정한다.

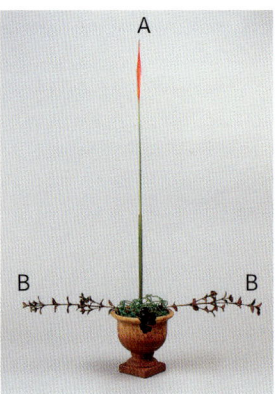

2 A(센터 탑)는 헬리코니아 1줄기를 중앙에서 뒤쪽으로 똑바로 세우고, 로호미르투스는 A의 뒤쪽에서 좌우로 B(사이드) 2줄기와 앞쪽 C(프론트)에 1줄기를 넣어 프레임의 요소를 만든다.

3 좌측의 A·B라인에 헬리코니아 니겔라 열매, 헬리코니아 잎을 각 1줄기씩 꽂고, 우측의 A·B라인에 헬리코니아 잎 3장과 로호미르투스 1줄기를 넣는다. 다시 좌측의 B·C 라인에 헬리코니아 1줄기, 로호미르투스 2줄기, 우측의 B·C 라인에 로호미르투스 2줄기를 넣고 앞쪽의 프레임을 만든다.

4 A·C가 이어지는 라인에서 튀어 나오지 않도록 오른쪽에서 커브를 그리며 왼쪽 아래의 헬리코니아와 이어지도록 헬리코니아 5줄기를 넣는다. 중앙에서 헬리코니아 잎을 중간 아래의 길이로 1줄기 넣어 오른쪽 잎과 연결시켜 일체화한다. 프론트의 로호미르투스는 왼쪽의 니겔라와 밸런스가 잘 잡히도록 추가한다.

5 작은 연꽃 열매를 A의 절반 높이로 헬리코니아와 잎 사이에 넣고, 큰 연꽃 열매는 오른쪽 아래로 짧게 꽂는다.

6 롬퍼스펜을 첫 번째는 왼쪽 A·B 라인의 아래 뒷부분에, 두 번째는 커다란 연꽃 열매의 뒤쪽으로 첫 번째 줄기와 마주 보도록 넣고, 세 번째는 왼쪽 앞으로 넣는다.

7 왼쪽 2장의 잎 사이에 버질리아를 넣고, 오른쪽 아래에도 조금 넣는다. 연꽃 열매와 같은 높이가 되지 않게 한다.

8 왼쪽 위, 왼쪽 앞, 오른쪽 옆으로 세 곳에 길이와 방향을 다르게 해서 변화를 주며 헬레늄을 꽂고, 뒤쪽의 와이어가 보이는 부분에는 버질리아와 남은 풀들로 메운다.

79

어느 각도에서 보나 아름다운 테이블 꽃으로 대표되는 어레인지먼트.
테이블뿐만 아니라 현관이나 거실에도 매칭이 좋은 디자인이다.

라운드

80

참고 작품

장미와 수국을 라운드로 꽂고 중앙에 붉은 덩굴을 곁들이면, 길게 뻗어 나
와 스케일이 큰 작품이 된다.

※화재: 붉은 덩굴 2줄기, 장미(마담 비오레) 10송이, 장미(드라마틱 레인)
5송이, 수국(레온) 1송이

79 라운드

화재 · 부속품
① 필리카 2줄기
② 장미(파파로티) 3송이
③ 다정큼나무 4줄기
④ 맨드라미 5줄기
⑤ 장미(샤넬) 2줄기
⑥ 셀로판
⑦ 아스트란티아 3줄기
플로럴 폼

화기
구경 16.5cm
높이 14cm

완성 사이즈
높이 22cm
가로 22cm
폭 　 22cm

기본 패턴 라운드

평면도

측면도

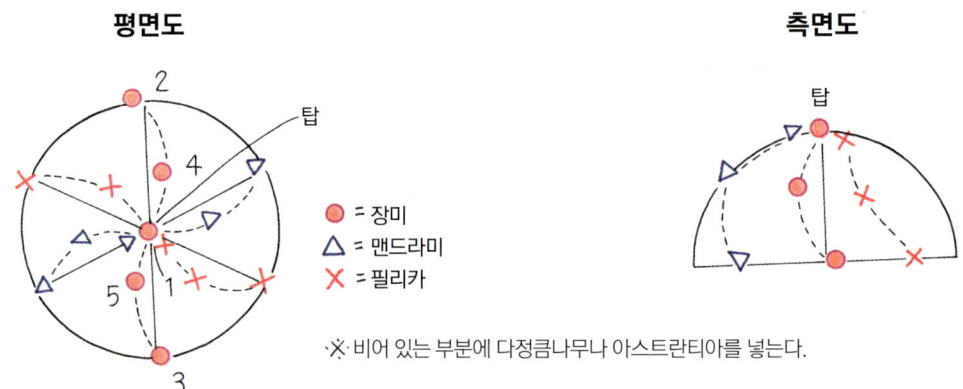

● = 장미
△ = 맨드라미
✕ = 필리카

·✕·비어 있는 부분에 다정큼나무나 아스트란티아를 넣는다.

테이블 꽃으로 만들 때의 포인트

테이블에 팔꿈치를 괴었을 때 손목뼈까지의 높이(22~25cm 정도)
로 완성한다. 상대의 넥타이나 목걸이가 보이는 높이이다.

꽃을 꽂는 방법

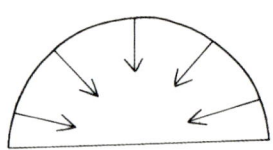

꽃의 줄기는 중앙을 향해 꽂고, 꽃은 중앙에서 방사
선형으로 나온 것처럼 보이게 한다.

어레인지먼트

1 화기 안에 셀로판지를 깔고 플로럴 폼을 테두리보다 1~2cm 정도 나오게 세팅한다. 플로럴 폼의 모서리는 깎아낸다.

2 탑에는 줄기가 곧은 장미를 플로럴 폼의 중앙에, 화기의 입구에서 수직으로 8cm 높이로 꽂는다.

3 장미(파파로티)를 화도가 나오는 정도로 반대쪽 끝과 앞쪽 사이의 끝에 한 송이씩 꽂고, 이 세 송이를 연결하는 커브 선상의 오른쪽 위와 왼쪽 아래에 한 송이씩 꽃이 중앙에서 바깥쪽을 향하게 꽂는다. 높이는 옆에서 보면 반원형이 되는 길이이다.

4 필리카, 맨드라미(잎의 일부는 달려 있는 상태로)는 원주를 6등분한 대각선상으로 바깥쪽을 향해 꽂는다.

5 다시 필리카, 맨드라미를 중앙의 장미 근처에 한 송이씩 넣고, 나머지는 3의 장미와 같은 방법으로 4 사이에 한 송이씩 꽂아 3종의 꽃으로 아름다운 반원 커브를 만든다. 전체를 어느 각도에서 봐도 부드럽게 보이게 한다.

6 다정큼나무의 잎을 화기 입구의 빈 부분에 넣는다.

7 반원의 형태가 흐트러지지 않도록 길이에 차이를 두면서 다정큼나무 열매를 꽂는다.

8 짧은 다정큼나무의 윗부분에 귀여운 아스트란티아를 가볍게 꽂아 움직임을 준다.

81

커브가 아래쪽으로 향한 화형(花型)으로, 양 사이드는 호리호리하게 만든다. 현관이나 거실에도 매칭할 수 있는 디자인이다.

82

참고 작품

마음에 드는 와인글라스에 엘레강스한 장미를 아름답게 어레인지. 작아도 존재감 있는 작품이 된다.

※화재: 완두콩 덩굴과 잎 5장, 스프레이장미(슈나벨) 8송이, 라케날리아 3송이, 할미꽃 4송이

81 크레센트

화재 · 부속품
① 노박덩굴 3줄기
② 맨드라미 3줄기
③ 레우가덴드론(골드스트라이크) 3줄기
④ 디펜바키아(카밀라) 8장
⑤ 미니파인애플 5송이
⑥ 치킨와이어(15cm×15cm)
플로럴 테이프

화기
구경 9cm
높이 20cm

완성 사이즈
높이 47cm
가로 65cm
폭   24cm

기본 패턴 아래쪽을 향한 크레센트

정면도

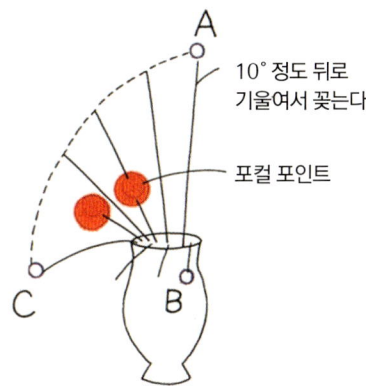

포컬 포인트

측면도

10° 정도 뒤로
기울여서 꽂는다

포컬 포인트

스케일

A=화기의 높이×1~1.2배
B=A×1~1.5배
C=A×1/3배
● =A×약 1/3

평면도

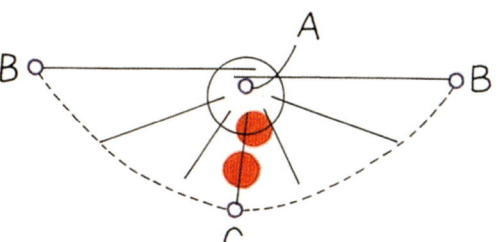

꽃을 꽂는 방법

화기 입구의 중앙에서
방사선형으로 뻗어 나온 것처럼
꽂는다.

어레인지먼트

1 치킨와이어를 둥글게 구부려 화기 입구보다 2cm 정도 위로 올라오게 세팅하고, 세 곳을 플로럴 테이프로 붙인다.

2 노박덩굴은 화기 중앙보다 뒤쪽으로 10˚ 정도 기울여서 꽂는다 Ⓐ. B는 A를 삽입한 위치보다 뒤쪽의 바로 옆에 넣는다. C를 꽂아 프레임의 요소가 되는 부분을 만든다.

3 A와 왼쪽의 B를 커브로 연결하는 라인에 노박덩굴을 넣고, 왼쪽의 B와 C를 연결하는 라인에도 1줄기 꽂는다.

4 디펜바키아를 왼쪽과 오른쪽에 3장씩 중앙을 향해 넣는다. 크기가 다른 잎으로 높이와 방향을 다르게 꽂으면 단조롭지 않고 움직임을 줄 수 있다.

5 맨드라미를 화기 입구에서 비스듬하게 앞으로 프론트보다 짧게 꽂고, 다시 포컬 포인트가 되는 중앙과 그 뒤쪽에 맨드라미를 넣는다.

6 레우가덴드론을 중앙 왼쪽 위, 왼쪽 아래, 오른쪽 비스듬하게 뒤쪽으로 길이, 방향, 높이를 다르게 하여 초승달 모양의 프레임 안에 꽂는다.

7 미니파인애플 1송이는 A와 B를 연결하는 라인에 조금 짧은 듯이 한 송이씩 꽂고, 맨드라미 사이로 맨드라미보다 길게 1송이를 넣은 뒤, 좌우와 오른쪽의 비어 있는 부분에도 1송이씩 꽂는다.

업워드 크레센트

83

• •

자연스럽게 커브를 그리며 끝부분이 늘씬한 화재를 양 사이드에
이용하면 아름다운 초승달형으로 완성된다.

84

• •

참고 작품

위쪽으로 뻗은 크레센트이다. 필로덴드론 셀로움 특유의 휘어진 형태를 살려서, 대담한 형상의 잎
에 대담한 화색을 맞췄다.

※ 화재: 필로덴드론 셀로움 9매, 장미(드라마틱 레인) 3송이, 거베라(스파이더 3송이, 그린스파이크 5송이)

83 업워드 크레센트

화재 · 부속품
① 옥시페탈럼(핑크스타) 10줄기
② 락스파(핑크) 2줄기
③ 날개하늘나리 2줄기
④ 리코리스 3줄기
⑤ 오니소갈럼 3줄기
⑥ 라이스플라워 1줄기
⑦ 아스파라거스(플루모서스) 3줄기
플로럴 폼

화기
구경 11cm
높이 22cm

완성 사이즈
높이 65cm
가로 52cm
폭   18cm

기본 패턴 업워드 크레센트

정면도

(중앙은 두툼하고 입체적으로, 밖으로 갈수록 늘씬하게)

포컬 포인트

A
B
C
D

플로럴 폼에 꽂는 위치

A

10° 정도 뒤로 기울이는 것이 안정적이다.

포컬포인트

D
C
B

스케일
A=화기(높이+구경)×약 1.2배
B=A×1/2~2/3
C=A×1/4
D=A×약 1/4
●=A×1/4

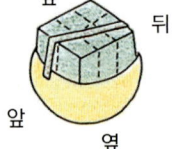

옆
뒤
앞
옆

테이핑 방법
플로럴 폼을 세팅하면서 안정성이 좋지 않을 때에는 플로럴 테이프로 고정한다. C와 D의 꽃을 꽂는 위치를 벗어나 앞에서 뒤로 붙인다.

74

어레인지먼트

1 플로럴 폼은 화기 테두리보다 2~3cm 높게 세팅한다. 화기가 얇기 때문에 플로럴 테이프를 붙여서 안정성을 높인다.

2 A는 옥시페탈럼을 플로럴 폼의 왼쪽 사이드 뒤쪽에서 넣는다. B 사이드의 꽃 끝은 살짝 위쪽을 향하게 해서 거의 바로 옆 플로럴 폼의 오른쪽 사이드 뒤쪽에 꽂는다. 이때 A와 B는 옆에서 볼 때 일직선이 되게 한다. C에 락스파를 1줄기 넣어 프레임의 요소를 만든다. A에서 C까지의 사이에는 끝부분이 커브를 그리듯이 몇 줄기 꽂아 프레임을 만든다. 꽂을 때에는 중앙에서 나온 것처럼 방사선형으로 넣는다.

3 아스파라거스로 A·C·B, A·D·B를 연결하듯이 프레임을 완성시킨다. 플로럴 폼도 7할 정도 아스파라거스로 메운다.

4 포컬 포인트에 날개하늘나리를 꽂고, A·C 프레임의 왼쪽 위에도 1줄기를 플로럴 폼에 꽂는다.

5 라이스플라워를 나누어 초승달형 프레임 안에 들어가도록 플로럴 폼의 윗면에 꽂는다. 오니소갈럼을 포컬 포인트 가까이에 왼쪽 아래, 왼쪽 위, 오른쪽 안에 넣어 중앙부를 입체적으로 보이게 만든다.

6 리코리스를 왼쪽 위, 왼쪽 옆, 오른쪽 아래와 포컬 포인트보다 왼쪽으로 2줄기, 오른쪽으로 1줄기를 플로럴 폼의 윗면에 꽂고, 뒤쪽의 플로럴 폼이 보이는 부분은 짧은 아스파라거스로 메운다.

85

● ● ● ● ● ● ● ● ● ● ● ●

화재가 자연스럽게 휘어지는 모습을 살려, 필기체 ℓ자 형태를 취하면 매우 우아
하고 아름답게 완성되는 ℓ셰이프. 꽃그림이나 거울 양 사이드(ℓ셰이프와 ℓ셰이
프의 반대형으로 대칭이 되도록 디자인하면 된다)에 최적의 디자인이다.

ℓ셰이프

86

● ●

참고 작품

엘레강스한 테이스트의 꽃들에 초콜릿코스모스를 꽂아
포인트를 준 작품이다.

※화재: 목련 3줄기, 장미(오션송) 7송이, 심비디움(페어
리 댄스) 7줄기, 홍죽 1줄기, 초콜릿코스모스 8송이

85 *ℓ*셰이프

화재 · 부속품
① 리시안서스(핑크) 5송이
② 리시안서스(진보라색) 4송이
③ 백합(소르본) 1송이
④ 유칼립투(실버달러) 1줄기
플로럴 폼

화기
구경 12cm
높이 25cm

완성 사이즈
높이 88cm
가로 58cm
폭　27cm

기본 패턴 *ℓ*셰이프

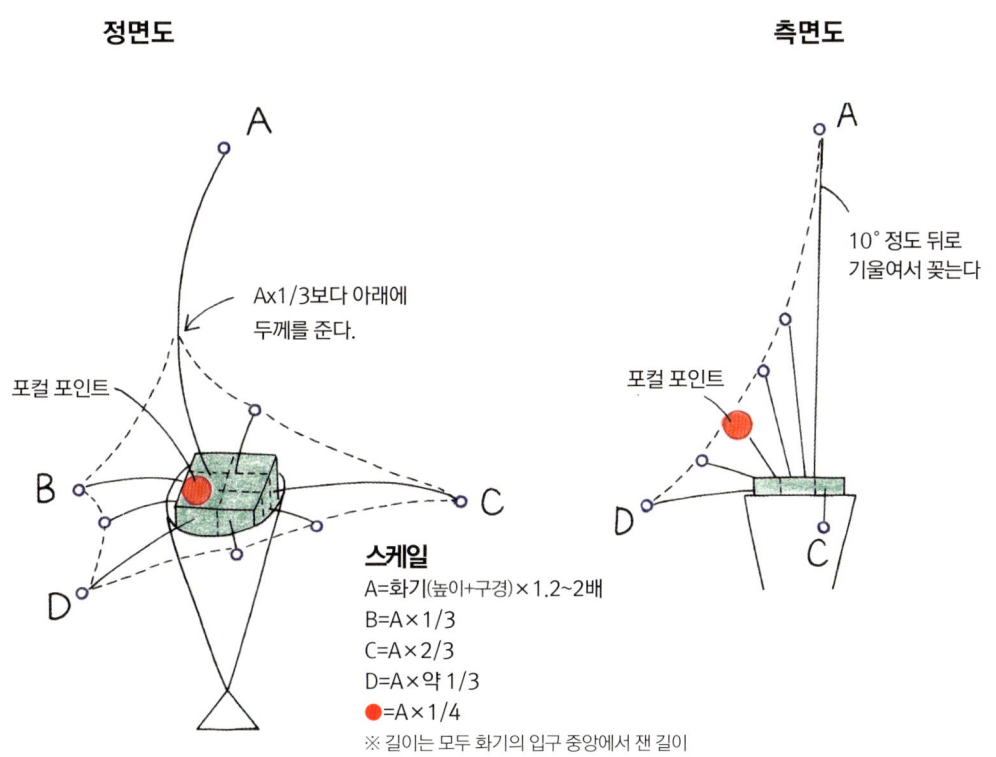

정면도

측면도

Ax1/3보다 아래에
두께를 준다.

포컬 포인트

B

C

D

A

10˚ 정도 뒤로
기울여서 꽂는다

포컬 포인트

D

C

A

스케일
A=화기(높이+구경)×1.2~2배
B=A×1/3
C=A×2/3
D=A×약 1/3
●=A×1/4
※ 길이는 모두 화기의 입구 중앙에서 잰 길이

어레인지먼트

1 플로럴 폼을 화기 테두리보다 3cm 정도 높게 세팅한다. 플로럴 폼의 모서리는 깎아낸다.

2 리시안서스로 A·B·C·D를 만든다. A는 플로럴 폼의 중앙보다 뒤쪽으로 꽂는다. B와 C는 옆에서 볼 때 일직선상이 되도록 A의 뒤쪽에 넣는다. D는 비스듬하게 왼쪽으로 나오도록 꽂는다. 이것이 프레임을 만드는 요소가 된다.

3 A라인에 리시안서스를 넣어 두께를 준다(리시안서스는 한줄기를 여러 송이로 나누어 사용한다).

4 B·D·C를 연결한 가운데에 리시안서스를 몇 송이 꽂는다.

5 백합은 B·C 라인의 중앙에 2송이를 넣어 포컬 에리어로 삼는다.

6 리시안서스(진보라색)는 A·D를 연결하는 라인, B·C·D를 연결하는 라인, 다시 포컬 포인트의 둘레에 꽂는다. 3의 리시안서스보다 앞으로 나오지 않도록, 또 직선이 되지 않도록 오른쪽에 꽂은 후 왼쪽 아래에도 꽂는다. 이때 꽃과 꽃 사이의 간격도 길게 하거나 가깝게 하는 등 변화를 주어 단조롭지 않게 한다.

7 유칼립투스(실버달러)를 포컬 포인트의 뒤에서 방사선형으로 넣고, 다시 뒤쪽의 비어 있는 부분에도 넣어 폭을 만든다. 이때 ℓ셰이프가 무너지지 않도록 길이에 신경 써서 꽂고, 뒤쪽의 플로럴 폼이 보이는 부분은 짧은 유칼립투스로 채운다.

S커브

. . . .

참고 작품
꽃송이가 큰 달리아로 다이나믹하면서도 공간의 화려함을
연출한 세련된 디자인이다.
※ 화재: 석화버들 2줄기, 달리아 5송이, 양옥란 5줄기.

88
. . . .

두 개의 커브를 연결하는 어레인지의 S커브. 자연스러운
가지의 모양을 살리면 무리 없이 완성되는 세련된 디자인.
콤팩트 사이즈로 디자인해도 멋진 어레인지이다.

88 S커브

화재·부속품
① 날개하늘나리 1줄기
② 장미(머스터드골드) 3송이
③ 레우코스페르뭄 3송이
④ 락스파(흰색) 3줄기
⑤ 보로니아(노란색) 1줄기
⑥ 아스파라거스(플루모서스) 3줄기
⑦ 리시안서스 6줄기
⑧ 천일홍(붉은 잎) 3줄기
플로럴 폼

화기
구경 12cm
높이 42cm

완성 사이즈
높이 100cm
가로 28cm
폭   28cm

기본 패턴 S커브

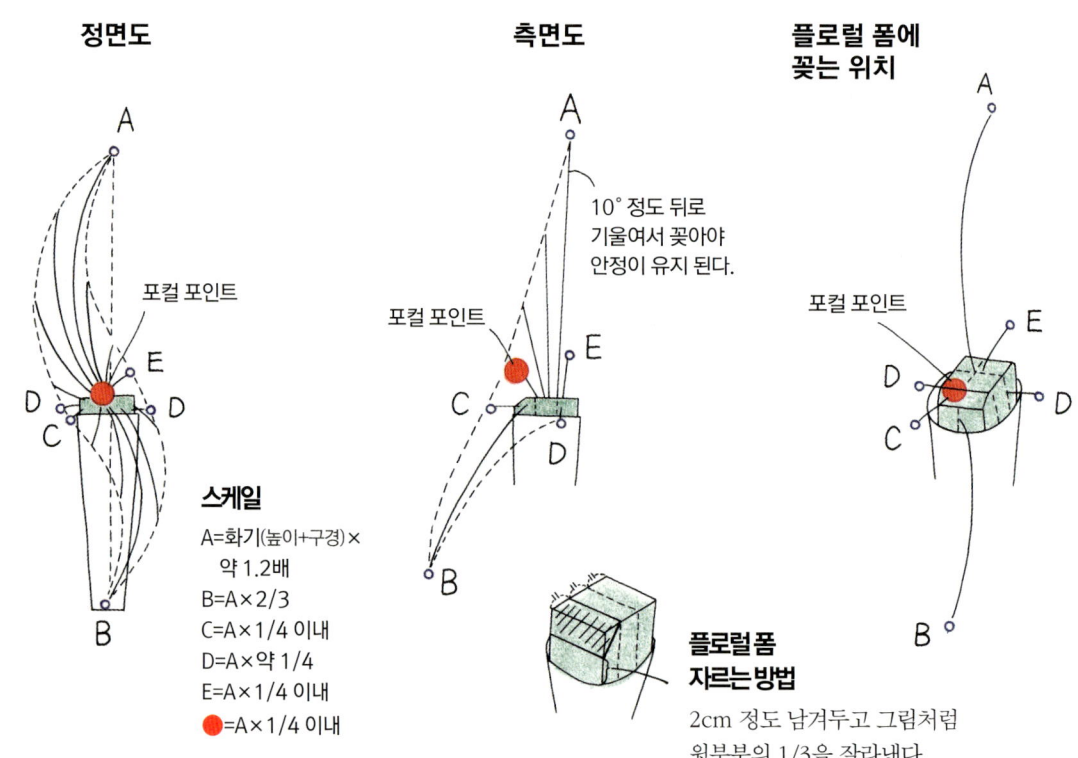

정면도

포컬 포인트

스케일
A=화기(높이+구경)×
   약 1.2배
B=A×2/3
C=A×1/4 이내
D=A×약 1/4
E=A×1/4 이내
●=A×1/4 이내

측면도

10° 정도 뒤로
기울여서 꽂아야
안정이 유지 된다.

포컬 포인트

**플로럴 폼에
꽂는 위치**

포컬 포인트

**플로럴 폼
자르는방법**

2cm 정도 남겨두고 그림처럼
윗부분의 1/3을 잘라낸다.

어레인지먼트

1 플로럴 폼을 화기 테두리보다 5~6cm 정도 높게 세팅한다. 플로럴 폼은 전방 측면의 1/3을 비스듬하게 깎아낸다.

2 A의 락스파는 플로럴 폼의 중앙 뒤쪽에 꽂고, 바로 왼쪽에도 1줄기 넣는다. B의 락스파는 화기 테두리에 기대듯이 아래쪽을 향하게 하여 단단히 꽂는다. 이때 A는 왼쪽으로 커브를 돌고, B는 오른쪽으로 커브를 돌아 양쪽 모두 꽃의 겉모습이 보이게 한다.
※ 꽃이 아름답게 보이는 쪽이 겉이다.

3 잘라서 나눈 보로니아를 상하로 꽂아 A·B 라인에 볼륨을 준다.

4 천일홍을 A의 줄기 앞에 1줄기 넣고, C의 위치에 왼쪽 위로 비스듬하게 1줄기, 화기 테두리의 오른쪽 뒤쪽인 D에도 1줄기를 넣는다.

5 왼쪽 폭을 결정하는 D와 폭을 결정하는 E에 아스파라거스를 넣어 S커브가 나오도록 프레임을 만든다.

6 포컬 포인트로 천일홍 사이에 레우코스페르뭄을 1줄기 꽂는다. 왼쪽 위, 오른쪽 아래에도 1줄기씩 넣는다.

9 리시안서스를 S자 프레임에서 벗어나지 않도록 위에서 아래로 흘러내리듯이 배치하여 꽂는다. 진한 보라색을 사용함으로써 전체가 타이트하게 보이고 화려함이 증가한다. 뒤쪽의 플로럴 폼이 보이는 부분에는 아스파라거스를 짧게 잘라 메운다.

7 장미도 천일홍 근처의 빈 공간에 3송이 꽂는다.

8 날개하늘나리를 오른쪽 옆으로 넣어 폭을 만든다.

호리존탈

89

그린 컬러로 통일한 청초한 이미지의 호리존탈 어레인지먼트. 양사이드, 오른쪽 앞은 자연스럽게 아래로 향하는 화재를 사용하면 엘레강스하게 완성된다.

90

참고 작품
청초한 색상의 화재 선택으로 웨딩파티 등에 최적인 테이블 어레인지이다.
※화재: 스위피티 5줄기, 장미(트로일러스) 7송이, 투머로우 5송이, 15송이, 칼라(크리스탈 브러시) 8송이

89 호리존탈

화재 · 부속품
① 이탈리안 루스커스 5줄기
② 리시안서스 10송이
③ 설악초 3줄기
플로럴 폼

화기
구경 10cm
높이 9cm

완성 사이즈
높이 34cm
가로 80cm
폭   38cm

기본 패턴 호리존탈

정면도

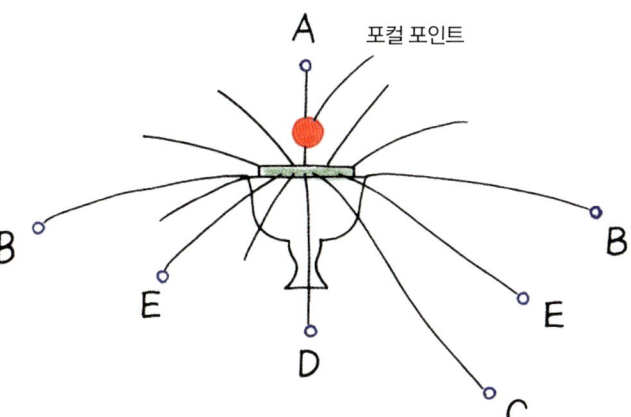

A
포컬 포인트
B
E
D
C

측면도

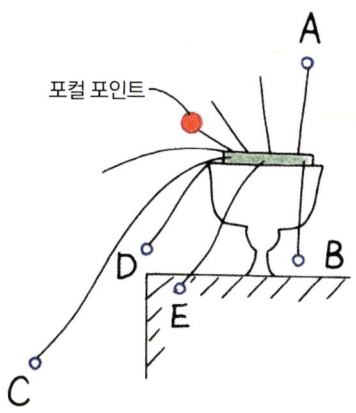

포컬 포인트
A
B
D
E
C

스케일

A=화기(높이+구경)×약 1배 이하
B=A×1.5~2배
C=B보다 길게
D · E=B와 C를 연결하는 선 가까이에
　　밸런스를 맞춰 넣는다.
※ C가 길어질수록 D와 E도 길게 넣는다.
🔴=A×1/2~1/3
※ C와 E의 길이를 다르게 넣어도 된다.

원포인트 어드바이스

웨딩파티의 메인테이블에는

높이는 낮게 하고 가로 길이는 테이블에 맞춰서 길게 꽂는다. 하지만 이렇게만 하면 수평적인 느낌이 강하다. 특히 메인테이블이 한단 높은 곳에 있는 경우에는 테이블 전면이 적적하므로 C를 길게 하고, 그에 따라 D · E도 길게 아래로 내리면 입체적이고 화려해진다.

어레인지먼트

1 플로럴 폼을 화기 테두리보다 2~3cm 정도 높게 세팅한다. 플로럴 폼의 모서리는 깎아낸다.

2 이탈리안 루스커스는 A를 플로럴 폼 중앙의 뒤쪽에서 꽂고 다시 양사이드의 B를 잎끝이 바닥에 닿을 듯이 넣은 뒤, 오른쪽 앞의 C를 길게 넣는다. 왼쪽의 B와 C 사이에도 D · E를 넣는다.

3 A · B를 연결하는 중간과 A · C를 연결하는 중간에도 이탈리안 루스커스를 넣고 플로럴 폼의 위쪽에도 몇 줄기 꽂아 프레임을 확실하게 만든다.

4 A의 1/2보다 낮은 위치에 포컬 포인트로 활짝 핀 리시안서스를 꽂고, 그 둘레에도 단단히 꽂는다. 이때 꽃의 고저에 차이를 주고, 꽃의 방향은 포컬 포인트에서 방사선으로 나오도록 꽂는다. 프레임을 따라 봉오리도 넣는다.

5 설악초는 양 사이드와 그 사이에 웨이브를 그리듯이 꽂고, 뒤쪽의 플로럴 폼이 보이는 부분은 짧은 이탈리안 루스커스로 메운다.

파운틴

91

칼라, 홍죽, 고비…. 각각 개성적이면서도 심플한 화재를 조합하여 모던한 이미지로 조화를 이룬 디자인이다.

92

참고 작품

아래쪽은 라운드로 하고, 위쪽으로 물이 뿜어 나오는 듯한 디자인이다. 위쪽의 화재는 줄기가 부드럽고 가벼운 꽃을 사용하면 움직임을 줄 수 있다.

※ 화재: 디디스쿠스 3줄기, 델피니움(농담) 8줄기, 옥시페탈럼(블루스타) 7줄기, 리시안서스(마이티 핑크) 5줄기, 스타티스 5줄기, 아스파라거스(플루모서스) 1줄기

91 파운틴

화재 · 부속품
① 칼라(아쿠아 화이트) 3송이
② 홍죽 13장
③ 고비 8줄기
플로럴 폼

화기
구경 15cm
높이 20cm

완성 사이즈
높이 70cm
가로 50cm
폭　 30cm

기본 패턴 파운틴

정면도

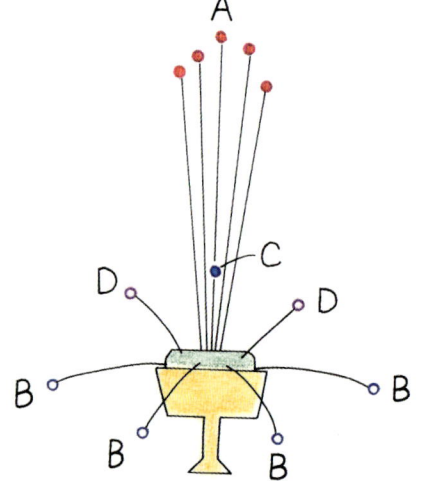

평면도

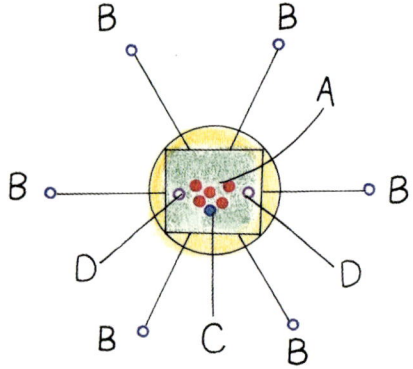

스케일
A=화기(높이+구경)×2배
　A가 낮으면 부드럽고, 높으면 뿜어나오는 기세 있는 분수가 된다.
B=화기(높이+구경)×2배
C=A×1/3
D=B와 C를 커브로 연결하는 라인에.

어레인지먼트

1 플로럴 폼을 화기 테두리보다 2~3cm 정도 높게 세팅한다. 플로럴 폼의 모서리는 깎아낸다.

2 둥글게 구부린 홍죽은 모양을 다듬은 후에 스테이플러로 축 부분을 고정하면 꺾이거나 갈라지지 않는다.

3 칼라가 플로럴 폼에 단단히 꽂히도록 줄기 끝에 지지목을 4cm 정도 대고 와이어로 감는다.

4 A의 고비를 플로럴 폼의 중앙부에 전후좌우를 향해 꽂고, 높이를 다르게 하여 분수 모양으로 만든다.

5 홍죽을 사이드(B), 비스듬하게 앞(B), 비스듬하게 뒤로 D의 위치에 꽂아 가이드라인을 정한다.

6 아랫부분이 라운드가 되도록 구부린 홍죽을 꽂는다.

7 칼라 1송이는 C 높이로 맞추고, 남은 2송이를 이등변삼각형으로 꽂는다.

캐스케이트

93

화려하고 우아한 캐스케이드형은 부케뿐만 아니라 화기에 어레인지해도 멋지다. 작아도 존재감 있는 디자인이다.

94

참고 작품

정원의 화초로 시크한 화색에 어울리는 와인글라스에 쁘띠 어레인지먼트를 즐겨보자.

※화재: 광대나물꽃 8줄기와 잎, 글로브길리아 8송이, 라눙쿨루스 5송이

93 캐스케이드

화재 · 부속품

① 스프레이장미(스프레이화이트) 2송이
② 만데빌라 가지 (썬 파라솔 크림손) 4줄기
③ 백합(소르본) 1송이
④ 장미(라임) 10송이
⑤ 아이비 2~3줄기
⑥ 댑싸리 15줄기
플로럴 폼

화기

구경 10cm
높이 31cm

완성 사이즈

높이 56cm
가로 36cm
폭   35cm

기본 패턴 케스케이드

정면도

A
포컬 포인트
D
B   B
C

측면도

D   A
30°
포컬 포인트   30° 정도 기울인다.
B
C

※ C는 A와 일직선이 되도록

플로럴 폼에 꽂는 위치

D   A
B
포컬 포인트
B
C

스케일

A=C×1/2
B=C×1/2
C=화기(높이+구경)×약 1배
D=A보다 조금 짧게
🔴=D보다 조금 짧게

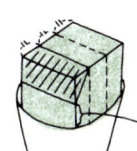

플로럴 폼을 자르는 방법

2cm 정도 남기고 상부의 1/3
을 연결한 부분을 잘라낸다.

어레인지먼트

1 플로럴 폼을 화기 테두리보다 5cm 정도 높게 세팅한다. 플로럴 폼은 앞쪽의 측면 1/3을 비스듬히 깎아낸다.

2 만데빌라(썬파라솔 크림손) 덩굴로 A·B에 2줄기, C에 1줄기로 캐스케이드를 만들고, 아이비를 D에 넣는다.

3 아이비를 A~B, B~C 사이에 몇 줄기씩 꽂아서 프레임을 만든다.

4 백합으로 포컬 포인트를 만든다.

5 포컬 포인트인 백합에서 오른쪽 위인 A·B 사이를 방사선형으로 스프레이장미를 꽂는다. 마찬가지로 백합에서 왼쪽 아래의 A·C 사이에도 방사선형으로 스프레이장미를 넣는다. 다시 대각선상에 스프레이장미를 꽂아 플로럴 폼 전체를 메운다.

6 5의 스프레이장미와 마찬가지로 장미(라임)를 왼쪽 위에서 오른쪽 아래로 대각선상으로 넣는다.

7 댑싸리를 3~5줄기씩 묶어서 비어 있는 부분에 꽂고, 뒤쪽의 플로럴 폼이 보이는 부분에도 짧게 잘라 메운다.

부채꼴

95
홍죽과 안스륨의 개성을 살린 아시아
스타일의 어레인지먼트이다.

96
참고 작품
공작이 화려하게 날개를 펼친 것처럼 익시아를 배치한
작품이다.
※화재: 익시아(파노라마) 17송이, 라눙쿨루스 9송이,
패랭이꽃(소네트프레이즈) 3송이, 아스파라거스(플루
모서스) 3줄기

95 부채꼴

화재 · 부속품
① 홍죽 2줄기
② 안스륨(에스메랄다) 12줄기
플로럴 폼

화기
구경 9cm
가로 14cm
높이 12cm

완성 사이즈
높이 58cm
가로 52cm
폭 27cm

기본 패턴 부채꼴

정면도

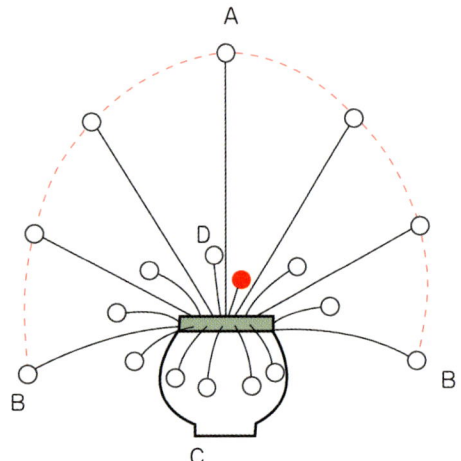

측면도

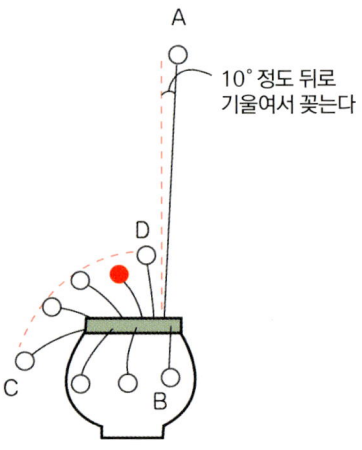

10° 정도 뒤로
기울여서 꽂는다

스케일
A=화기(높이+구경)×약 1~1.2배
B=A×3/4
C=A×약 1/3~1/2
D=A×약 1/3~1/2
●=D보다 짧게 중심에 놓는다

포인트
A와 B를 둥글게 연결하는 선 안에 넣고 A는 조금 (10° 정도),
자신 있게 꽂는 중심부 (C~D)는 라운드의 반을 만든다.

어레인지먼트

1 플로럴 폼을 화기 테두리보다 2cm 정도 높게 세팅한다.

2 플로럴 폼의 중앙보다 뒤쪽으로 A에 안스륨을 1송이, 양 사이드 B에 1송이씩 중앙의 안스륨보다 뒤쪽에 꽂는다.

3 센터 탑 A와 사이드 B 사이에 안스륨을 2송이씩 꽂아둥글게 만든다.

4 홍죽을 짧게 왼쪽 앞 C와 오른쪽으로 밸런스를 맞춰 꽂는다.

5 안스륨을 홍죽을 꽂은 왼쪽 위부분인 D, 오른쪽 아래의 비어 있는 부분에 꽂고, 플로럴 폼이 보이는 부분에는 홍죽을 짧게 잘라 메운다.

※ 작품 NO.96처럼 끝이 가느다란 화재를 프레임에 사용할 때에는 메인과의 밸런스를 맞추기 위해서 9송이의 프레임 사이에 7할의 길이로 8송이를 꽂아 공간을 메운다.

꽃꽂이를 아름답게 어레인지먼트하려면…

1 꽃의 개성을 살피며 꽂는다

어레인지먼트를 아름답게 하기 위해서는 채색 · 형태 · 질감 등의 요소를 구분하여 장식하는 장소나 분위기(목적)를 고려해야 한다(색채에 관해서는 권말의 꽃의 컬러서클을 참조).

테이스트를 고려한 디자인

어레인지먼트는 꽃의 컬러 조합이나 화기의 색깔, 화재의 질감에 따라 분위기가 달라진다.
각각의 테이스트를 고려하여 디자인해보자.

캐주얼한 테이스트

화기 자체가 캐주얼한 인상을 주는 질그릇 화분을 사용하고, 화재는 까슬까슬한 느낌이 있는 천일홍이나 소박한 분위기의 소국 등을 조합하여 잎이 달린 상태로 캐주얼하게 어레인지.

화재-소국, 천일홍 등의 작은 꽃
화기-질그릇이나 양철 소재 등
계절-사계
꽃꽂이 장소-현관 안팎, 키친, 거실 바닥, 출창 등

상큼한 테이스트

한여름의 은방울꽃과 섬세한 질감을 가진 수수한 블루 델피니움(벨라돈나)을 한데 모으고, 싱싱한 프루트(그린딸기)를 더하여 상큼함을 연출.

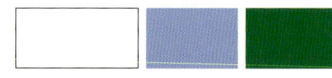

화재-은방울꽃, 델피니움(벨라돈나) 등
화기-심플한 카페오레 볼, 머그컵 등
계절-여름~겨울
꽃꽂이 장소-티파티의 테이블, 키친 카운터 등

엘레강스한 테이스트

채도를 억제한 컬러 배합인 장미, 심비디움에 초콜릿 코스모스를 꽂아 컬러에 포인트를 주었다.

화재-장미(오선송), 심비디움(페어리댄스), 홍죽(코디라인레드),
　　　초콜릿코스모스, 목련
화기-금속제 화기
계절-초여름
꽃꽂이 장소-거실 등

아시안이스트

핑크가 감도는 그린, 핑크베이지의 맨드라미, 그린 컬러 열매의 선단 볼드가 시크한 조합에, 동색의 채도가 높은 핑크색 장미를 큐트하게 추가했다.

화재-장미(파파로티, 샤넬), 필리카, 다정큼나무, 아스트란티아,
　　　맨드라미 등
화기-등나무 바구니
계절-가을~겨울
꽃꽂이 장소-거실, 현관 등

2 꽃의 형태와 역할

꽃의 형태와 역할은 작품의 크기나 화재의 조합에 따라 달라진다.

라스파

라인플라워

형태-직선이나 곡선의 움직임을 나타내기 쉽고, 끝이 가늘고 길어
서 키가 있는 것.
역할-골조나 프레임을 만드는 꽃.
대표적인 화재-스톡, 델피니움, 핑크스타, 락스파 등.

수국

매스플라워

형태-둥근 형태의 꽃. 꽃잎이 모여 하나의 꽃이 되는 것.
역할-영감을 주는 꽃으로, 존재감이 있는 꽃은 주역으로도 사용할
수 있다.
대표적인 화재-카네이션, 튤립, 리시안서스, 장미, 수국 등.

백합

폼플라워

형태-특징이 있는 꽃으로 비교적 크고 확실한 형태의 것.
역할-화려한 이미지 덕분에 주역이 되는 꽃.
대표적인 화재-안스륨, 칼라, 호접란, 백합 등.

스프레이장미

필라플라워

형태-줄기가 나뉘어 작은 꽃이 많이 달려 있는 것.
역할-공간을 채울 때 사용하는 꽃.
대표적인 화재-안개꽃, 공작초, 스타티스, 스프레이장미, 디디스
쿠스

3 질감

식물은 서로 다른 텍스처(재질감)를 갖고 있다. 식물이 가진 부드러움이나 차가움, 따뜻함 등의 재질감은 작품의 이미지를 만드는 데 큰 형향을 미친다. 식물의 재질감을 분류하면 작품의 이미지 생성이나 화기의 선택에 도움이 된다. 또 화기의 이미지도 화재 선택에 도움이 된다. 이것은 상대적이므로 곁에 놓이는 소재에 따라 질감은 달라진다.

맨드라미

헬리코니아

털 같은 질감-봉긋하게 부풀어올라 따뜻한 느낌(필리카, 맨드라미, 램즈이어 등)

금속성의 질감-중후하고 차가운 느낌(헬리코니아)

클레마티스

라눙쿨루스

빌로드 질감-부드럽게 깊이가 있는 느낌(초콜릿코스모스, 팬지, 스프레이장미(블랙뷰티), 클레마티스 등)

비단 같은 질감-광택이 있고 매끄러운 느낌 때문에 우아함(스위트피, 라눙쿨루스 등)

산데르소니아 (노랑등꽃)

안스륨

유리 같은 질감-밝고 섬세한 느낌(산데르소니아, 철선련 등)

도자기 같은 질감-깊이감이 느껴지는 분위기가 있다(칼라, 백합, 안스륨 등)

4 밸런스

가로와 세로의 라인에 같은 꽃(특히 강한 꽃)을 배치하면 강하고 딱딱한 인상이 되므로 주의해야 한다. 비스듬하게 배치하면 꽃의 이미지가 부드럽고 우아해진다.

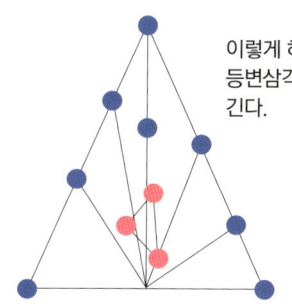

이렇게 하면 중앙의 중심꽃도 부등변삼각형이 되어 움직임이 생긴다.

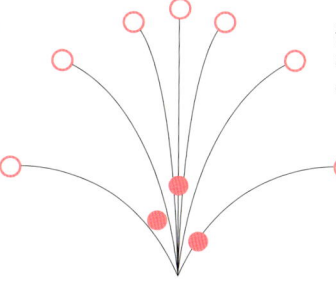

꽃은 중앙에 많이, 밖으로 갈수록 적게 하면 전체가 잘 정돈된 어레인지가 된다.

2

프리
구근도 함께 어레인지

화재 · 부속품
① 라케날리아(구근째) 5줄기
② 무스카리(구근째) 7줄기
③ 튤립(가브리엘라 · 구근째) 3줄기
④ 붉은 덩굴 3줄기
⑤ 양은냄비(구경 30cm 높이 9cm)

완성 사이즈
높이 26cm
가로 45cm
폭   30cm

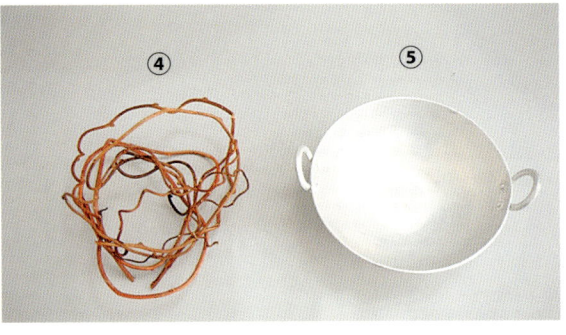

어레인지먼트

1 양은냄비의 테두리에 붉은 덩굴을 얹고, 라케날리아, 무스카리, 튤립은 붉은 덩굴과 밸런스를 맞춰 기대어서 입체적으로 어레인지한다.

※ 붉은 덩굴 3줄기는 꽃의 아랫부분을 고정할 수 있도록 가는 쪽부터 조금씩 구불구불 말아서, 사진처럼 꽃이 기대는듯한 형태로 입체적으로 몇 바퀴 감는다.

4

라운드
꽃다발에 와인을 곁들였다

화재 · 부속품
① 래핑페이퍼(화이트 · 그린)
② 리본(폭 35mm × 길이 80cm)
③ 아스파라거스(메이리) 4줄기
④ 패랭이꽃(소네트프레이즈) 2줄기
⑤ 장미(트로일러스) 3송이
⑥ 튤립(가브리엘라) 3송이
레몬바질

화기
높이 22cm
가로 22cm
폭 10cm

완성 사이즈
높이 30cm
가로 30cm

어레인지먼트

1 튤립과 장미를 각각 2송이와 1송이로 나누어 다발로 만들고, 다시 레몬바질을 추가한다.

2 패랭이꽃을 비어 있는 부분에 넣고, 아스파라거스를 바깥쪽에 넣는다.

3 줄기를 고무줄로 묶는다.

4 줄기 아랫부분을 페이퍼타월로 감싸서 물로 적신다.

5 줄기 부분을 비닐봉지로 감싸 넣고 고무줄로 묶는다.

6 2색 래핑페이퍼로 포장하고 고무줄로 묶는다.

7 나비매듭으로 리본을 묶는다.

8 완성된 꽃다발.

3

프리
귀여운 플라워박스

화재 · 부속품
① 화기(구경 9cm 높이 4.8cm) 3개
② 상자(깊이 9cm 가로 25cm 폭 15cm)
③ 페이퍼냅킨 6매
④ 캔들 3개
⑤ 패킹재
⑥ 스프레이장미(피노키오) 12송이
⑦ 페퍼베리 9송이
⑧ 화이트스타 3송이
⑨ 천일홍(소프트핑크) 9줄기
⑩ 델피니움(스프레이 펄 블루) 12송이
와이어가 삽입된 리본(폭 40mm×길이 2m)

완성 사이즈
높이 9cm
가로 25cm
폭　 15cm

어레인지먼트

1 상자 안에 패킹재를 깔고, 페이퍼냅킨으로 감싼 캔들 3개를 배치한다.

2 플로럴 폼을 화기 테두리보다 2cm 정도 낮게 세팅한다. 스프레이장미 3송이를 삼각형으로 꽂고, 그 사이에 1송이를 더 꽂는다. 꽃의 높이는 화두가 나오는 정도로 낮게 꽂는다.

3 장미 사이에 화이트스타를 나누어 꽂는다.

4 델피니움 3송이도 3의 바깥쪽을 향해 삼각형으로 꽂고, 그
사이에도 1송이 꽂는다.

5 비어 있는 부분에 천일홍을 꽂아 밸런스를 맞춘다.

6 페퍼베리를 3곳에 꽂아 포인트를 준다.

7 같은 요령으로 3개를 만든다.

8 페이퍼냅킨을 화기 바닥에 넣
어 캔들 사이를 메운다. 뚜껑이
닫힐 수 있도록 높이를 조정하여
배치하고 뚜껑을 닫아 와이어리
본을 감는다.

5

바스켓 언더 핸들
초여름의
청량한 바람을 유혹하며

화재 · 부속품
① 아스파라거스(플루모서스) 4줄기
② 플란넬 플라워 3줄기
③ 칼라(크리스털 브러시) 5줄기
④ 끈끈이대나물 5줄기
⑤ 장미(잔다르크) 3송이
⑥ 소국(천사의 알) 10줄기
⑦ 청완두 덩굴 3줄기
플로럴 폼
빨대

화기
높이 10cm
가로 22cm
폭 22cm

완성 사이즈
높이 25cm
가로 45cm
폭 30cm

어레인지먼트

1 화기에 플로럴 폼을 테두리보다 3cm 높게 세팅하고, 모서리는 사진처럼 잘라낸다.

2 얇아서 꽂기 힘든 칼라와 청완두 덩굴은 4~5cm로 자른 빨대에 줄기를 끼워 보강한다.

3 아스파라거스, 청완두 덩굴, 소국으로 아래쪽을 향한 크레센트형 아웃라인을 만든다.

4 손잡이보다 낮게, 부등변삼각형으로 장미를 꽂는다.

5 칼라로 프레임에 살을 붙인다.

6 플란넬 플라워는 장미와 칼라 사이에 꽂는다.

7 비어 있는 부분에 소국을 꽂는다.

8 끈끈이대나물을 밸런스에 맞춰 꽂아 넣어 마무리한다.

6

스퀘어
랩핑에도 마음을 담아

화재 · 부속품
① 래핑 용지 1매
　(A3 사이즈로 악보를 복사한 것)
② 오간디 리본 (폭 20mm×길이 1m 30cm)
③ 양면테이프
④ 더스티밀러 1송이
⑤ 팬지(퍼플 3송이, 볼드색 2송이)
　총 5송이
⑥ 라그러스 6줄기
⑦ 그린벨 8줄기
플로럴 폼

화기
연필꽂이
높이　10cm
가로　15cm
폭　　6cm

완성 사이즈
높이　38cm
가로　18cm
폭　　8cm

어레인지먼트

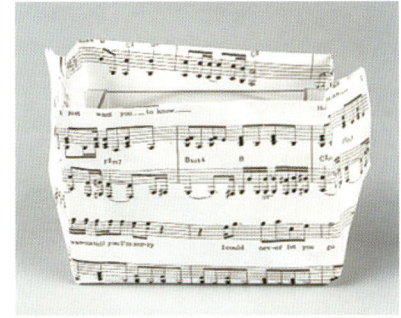

1 플로럴 폼을 화기 테두리보다 3cm 정도 아래로 세팅한다.

2 화기의 래핑은 용지를 입구보다 3cm 정도 높게 감싸서 양면테이프로 고정한다.

3 플로럴 폼의 뒤쪽에 높이를 조금씩 다르게 하여 그린벨 8줄기를 일렬로 꽂는다.

4 그린벨의 조금 앞쪽에 라그러스 6줄기를 높이를 다르게 해서 일렬로 꽂는다.

※ 높이를 조금씩 다르게 하고 간격에도 변화를 주면 움직임이 살아나 경쾌해진다.

5 팬지 5송이는 꽃의 방향을 조금씩 다르게 하여 앞쪽에 볼드색과 퍼플을 구분하여 꽂는다. 또 더스티밀러를 볼드색 팬지의 오른쪽 아래로 붙인다. 화기에 리본을 이중으로 감고 나비매듭을 묶어 전체를 정돈한다.

7

오벌

파티 어레인지가
미니 꽃다발 선물로 변신

화재 · 부속품

① 가막살나무 6줄기
② 게이락스 6장
③ 스프레이장미(선실크) 6줄기
④ 하이페리쿰 6줄기
⑤ 2종의 래핑페이퍼와 라피아
⑥ 페트병(350ml) 2개

완성 사이즈

높이 12cm
가로 45cm
폭   12cm

어레인지먼트

1 ①~④를 밸런스에 맞춰 정돈해서 줄기를 자른다.

2 꽃다발의 줄기 부분을 고무줄로 고정하고 6다발을 만든다.

3 페트병 2개의 윗면을 자르고, 아래를 접착제로 연결하여 화기로 만들고 래핑 종이로 포장한 뒤 양끝을 라피아로 묶고 그 안에 6다발을 오벌형으로 어레인지한다.

행잉
창가를 화사하게!

화재 · 부속품

A: 2개 분량
① 램즈이어 3장
② 루꼴라 2줄기
③ 옥시페탈럼(블루스타) 2줄기
④ 케라스티움 10줄기

B: 1개 분량
① 램즈이어 2장
② 루꼴라 2줄기
③ 피버퓨 2장
④ 새우난초 1줄기
빈 캔 3개
(구경 7.5cm 높이 8cm)

완성 사이즈
높이 14cm
가로 13cm
폭   12cm

어레인지먼트

1 빈 캔의 양 사이드에 구멍을 뚫고 라피아로 손잡이를 만든다.

2 루꼴라의 줄기를 가지런히 잡고 아래를 잘라낸 후 5줄기씩 고무줄로 묶어 다발을 만든다.

3 루꼴라를 빈 캔에 꽂고 옥시페탈럼이나 케라스티움 등의 작은 꽃을 사이에 꽂는다. 그리고 따뜻한 느낌이 있는 램즈이어를 좌우에 꽂는다.

9

스퀘어
양철 트레이의
아름다운 변신…

화재 · 부속품
① 개박하 1포기
② 시나몬바질 1포기
③ 레몬바질 1포기
④ 산호사
⑤ 래핑페이퍼(27cm×65cm을 3등분)
⑥ 물조루 피크
⑦ 틴 포트 & 트레이(세트)
　　(7.5×8×8cm) 3개씩
　　(4×25×9cm)1개
　　오간디 리본 (폭 25mm×길이 1m 50cm)

완성 사이즈
높이　30cm
가로　30cm
폭　　20cm

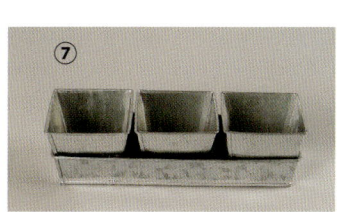

어레인지먼트

1 비닐포트에서 양철 틴 포트로 분갈이 한다.

2 세 종 모두 ①처럼 분갈이한다.

3 흙이 보이지 않도록 산호사로 덮는다.

4 1개씩 래핑페이퍼로 포장한다.

5 포인트로 물조루 피크를 꽂고, 오간디 리본을 둘러도 멋진 어레인지가 된다.

10

라운드를 의식하고
안이 보이는 바구니의 생명

화재 · 부속품

① 안이 보이는 바구니
  (높이 30cm 가로 35cm 폭 35cm)
② 래핑페이퍼(60cm×33cm)
③ 빈 캔 (구경 7.5cm 높이 11cm)
④ 래핑 재료
⑤ 브러싱 브라이드 5줄기
  (세루리아 플로리다)
⑥ 베르가못 5송이

완성 사이즈

높이 30cm
가로 33cm
폭   35cm

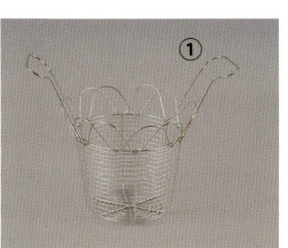

어레인지먼트

1 빈 캔에 플로럴 폼을 낮게 세팅한다.

2 브러싱 브라이드 1줄기를 중앙에 꽂는다.

3 브러싱 브라이드를 왼쪽 뒤, 오른쪽 앞에도 1줄기씩 꽂는다.

4 왼쪽 앞, 뒤쪽에도 1줄기씩 둥글게 되도록 꽂는다.

5 베르가못은 어느 각도에서 봐도 좋은 밸런스로 5송이를 배치하여 꽂는다.

6 속이 보이는 바구니에 래핑페이퍼와 래핑재를 넣어 빈 캔이 안정되도록 한다.

7 6의 바구니에 5를 담으면 완성.

부등변삼각형
색조를 억제하여
쿨하게…

화재 · 부속품
① 크리스마스로즈 8송이
② 라일락 3줄기
③ 양철 바구니(구경 14cm 높이 6cm)

완성 사이즈
높이 37cm
가로 36cm
폭 25cm

어레인지먼트

크리스마스로즈는 좌우와 앞쪽의 세 곳에 줄기를 교차시켜 넣고, 그 사이에 라일락을 넣는다. 그리고 크리스마스로즈로 볼륨감과 입체감을 살려 부등변삼각형의 밸런스로 꽂는다.

12

라운드
카페오레 볼에
장식한 작은 꽃과 딸기가 봄을 부른다

화재 · 부속품
① 델피니움(벨라돈나) 1줄기
② 은방울꽃 18줄기
③ 딸기 3줄기
④ 카페오레 볼(구경 11cm 높이 6cm)&소서
⑤ 두께 3mm의 알루미늄 와이어 60cm를
　둥글게 구부린 것.
플로럴 테이프

완성 사이즈
높이　15cm
가로　28cm
폭　　28cm

어레인지먼트

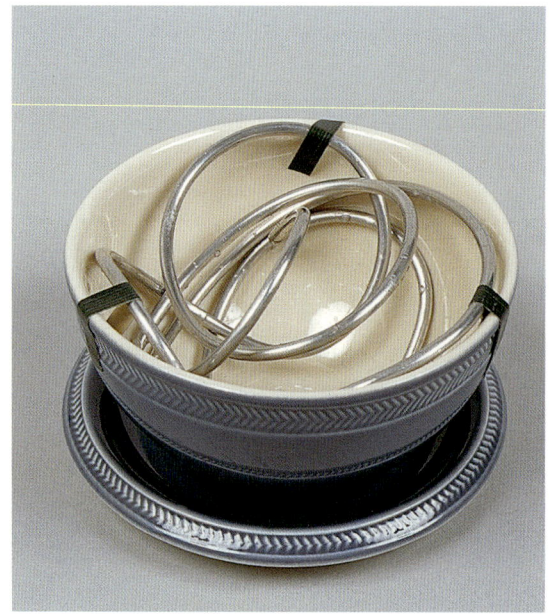

1 4와 5를 세팅하여 플로럴 테이프로 고정한다.

2 알루미늄 와이어 사이에 볼을 덮듯이 딸기를 넣고, 은방울꽃을 꽂아 중앙에 흰색을 살린다. 마지막에 델피니움을 밸런스에 맞춰 꽂는다.

13

파운틴
고원의 바람에 나부끼는 꽃다발

화재 · 부속품

① 라피아(그린) 5개
② 케일(보라색 양배추) 4장
③ 케일 7장(헤어핀 메소드 193P 참조)/
   #24 브라운와이어
④ 미니가지 3개 /벨 클레마티스 줄기
   (22cm 정도)를 꽂아 길게 한 것.
⑤ 툴바기아(흰색) 5줄기
⑥ 세팔라포라(파인애플) 8줄기
⑦ 벨 클레마티스(레드) 6줄기
⑧ 익시아(비너스) 5줄기

완성 사이즈

높이 40cm
지름 20cm

어레인지먼트

1 세팔라포라, 툴바기아, 벨 클레마티스를 각각 밸런스에 맞춰 스파이럴(밴딩 기법 202쪽 참조)로 묶는다.

2 미니가지는 라운드 안에서 이등변삼각형이 되도록 스파이럴로 묶는다.

3 익시아는 길게(40cm 정도) 하여 라운드의 중앙에서 힘차게 뻗어 나오듯이 꽂아 넣고, 발밑의 줄기 10cm 정도에서 라피아로 묶어둔다.

4 묶은 다발 둘레를 커버하듯이 와이어한 케일 7장을 감아서 묶는다.

5 다시 4의 둘레에 케일(보라색 양배추) 4장을 감아서 발밑을 정돈하고, 라피아 3줄을 가지런히 모아서 매듭을 지으면 완성된다.

프리
작은 꽃다발

화재 · 부속품
① 케일(보라색 양배추) 2장
② 케일 1장
③ 라피아(그린) 3줄기
④ 피크(구경 1.5cm 길이 5cm) 1개
⑤ 툴바기아(화이트) 5줄기
⑥ 세팔라포라(파인애플) 1줄기(10송
   이 달린 것으로)
⑦ 벨 클레마티스 1줄기
⑧ 익시아(비너스) 5줄기

완성 사이즈
길이 30cm
가로 12cm

어레인지먼트

1 익시아(30cm 정도)는 높게, 세팔라포라, 벨 클레마티스, 툴바기아, 케일은 차례대로 낮게 다발을 만들어 피크에 꽂는다.

2 케일(보라색 양배추) 1장으로 발밑의 피크를 덮어 감추고, 2장째 케일로 뒤쪽에서 발밑을 감싼다.

3 라피아 3줄을 가지런히 모아서 아래쪽에 한쪽 나비 매듭을 묶어 완성한다.

15

컬러풀한 파프리카로
부엌을 산뜻하게

화재 · 부속품

A	B	C	D
① 라눙쿨루스 5송이	① 라일락 3줄기	① 스카비오사 1줄기	① 라일락 3줄기
② 가막살나무 1줄기	② 쑥부쟁이 5송이	② 옹굿나물 2줄기	② 패랭이꽃 3송이
③ 민트 5잎	③ 빨간색 피망 1개	③ 루꼴라 꽃 4송이	③ 크림슨 클로버 6줄기
④ 노란색 피망 1개		④ 오렌지색 피망 1개	(진홍 토끼풀)
			④ 빨간색 피망 1개

완성 사이즈

A · D

높이 10cm 가로 9cm 폭 8cm

B · C

높이 7cm 가로 7cm 폭 7cm

어레인지먼트

잘 세워지는 피망을 골라 뚜껑을 잘라
내어 화기로 만든다. 야채 꽃이나 야
초를 피망의 컬러에 맞춰 라운드형으
로 꽂는다. 일렬로 장식한다.

16

프리
그레이프푸르트로 맞이하는 멋진 휴일

화재 · 부속품
① 작살나무 1줄기
② 듀란타 1줄기
③ 그레이프프루트 1개
④ 파슬리 3줄기
⑤ 빈 캔(구경 6cm 높이 5.5cm)
⑥ 래핑 와이어(10cm) 2줄
⑦ 빨대 1개
⑧ 접시(지름 29cm) 1장

완성 사이즈
높이 17cm
가로 30cm
폭 14cm

어레인지먼트

1 ⑧에 ③ · ⑤~⑦을 세팅한다. 파티용 과도로 그레이프프루트의 껍질을 잘라 화기로 만들고, 래핑 와이어로 뚜껑을 고정한다. 빈 캔을 넣고 뚜껑이 닫히지 않도록 빨대로 받친다.

2 파슬리를 꽃 고정도구로 삼아 라운드의 응용으로 듀란타, 작살나무의 아름다움을 강조하여 길게 꽂는다.

17

하트리스
스페니시 모스에
선홍초를 함께

화재 · 부속품
① #26 그린 와이어
② 꼰 끈 (굵기 4mm 길이 130cm)
③ #19 밀레니엄 와이어(60cm) 3줄
④ 청미래덩굴 화환 (25cm)
⑤ 리본(폭 17mm×길이 160cm)
⑥ 파형 와이어(손잡이용)
⑦ 수예용 폴리에스테르 실(120cm)
⑧ 피크 3개
⑨ 스페니시 모스 1뭉치
⑩ 선홍초 16송이

완성 사이즈
길 이 65cm
가 로 26cm
폭   8cm

어레인지먼트

1 하트 리스에 스페니시 모스를 감고 아래쪽은 길게 35cm 정도 늘어뜨린다.

2 수예용 실로 스페니시 모스를 살짝 고정한다.

3 실이 안 보이도록 스페니시 모스를 살짝 어긋나게 해서 부풀린다.

7

4

5

6
45cm
55cm
60cm
40cm
50cm
끈의 꼬인 끝을 푼다.

4 파형 와이어로 손잡이를 달아 베이스를 완성한다.

5 포인트인 선홍초는 길이를 다르게 해서 피크 3개에 나누어 꽂아, 왼쪽 아랫부분의 스페니시 모스와 수예용 실 사이에 꽂는다.

6 리본 · 꼰 끈 각 3개의 끝을 그린와이어로 묶는다.

7 묶은 6의 와이어 부분을 장식한다.

18

프렌치샤포
안개꽃으로
상큼한 꽃 모자를

화재 · 부속품
① 플로럴 데코
② #26 화이트 · 그린 와이어
③ 와이어가 삽입된 리본(폭 36mm×길이 60cm)
④ 델피니움(스프레이, 펄블루) 4~5줄기
⑤ 안개꽃(눈의 아가씨) 3줄기

완성 사이즈
길이 52cm
가로 33cm
폭　 7cm

어레인지먼트

1 플로럴 데코를 걸 수 있도록 그린와이어로 손잡이를 만든다.

2 플로럴 데코의 둘레에 안개꽃을 꽂아 전체의 크기를 정한다.

3 다시 줄기 부분을 감추듯이 짧게 꽂는다. 반복해서 도넛 모양으로 덮는다.

4 델피니움(스프레이)을 나누어 플로럴 폼에서 2cm 정도 위로 중앙, 상하, 좌우에 꽂아 라운드 부분의 크기를 정한다.

5 다시 전체가 둥글게 보이도록 빈 부분을 메우며 꽂는다.

6 안개꽃 사이에 델피니움(펄블루)을 꽂아 포인트를 준다.

※ 2~3줄기 다발로 묶어 꽂으면 단단하게 꽂을 수 있다. 이때 꽃이 아름답게 보이도록 겉을 드러나게 하고, 위가 되는 부분을 서서히 짧게 하면 챙이 뚜렷해 아름답게 보인다.

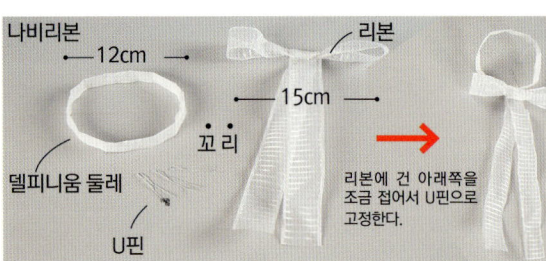

나비리본 ←12cm→
리본
←15cm→
꼬리
델피니움 둘레
U핀
리본에 건 아래쪽을 조금 접어서 U핀으로 고정한다.

7 나비리본을 만든다. 리본(45cm)의 폭을 반으로 접어 델피니움의 둘레를 한바퀴(구경 12cm) 두르고 겹치는 부분은 한쪽 끝에 꽂아 넣는다. 리본 부분은 리본 32cm를 평평한 원으로 만든다. 꼬리 부분은 리본 80cm를 리본에 걸고, 위쪽의 한 줄을 살짝 접어서 U핀으로 고정한다.

8 나비리본을 델피니움 둘레에 걸고, U핀으로 몇 군데 고정한다.

리스

어린 잎의 상큼함이 돋보이는 청미래덩굴 리스

화재 · 부속품

① 청미래덩굴 2줄기
② 부들개지 5송이
③ 아크릴 네임텍(가로 10cm×세로 6cm)
④ 피크 1개
⑤ 벚나무 가지로 만든 연필 오너먼트 6개
⑥ 마끈 (2m 30cm)
⑦ #24 그린와이어 2줄

완성 사이즈

길이 45cm
가로 25cm

어레인지먼트

1 벚나무 가지로 만든 연필을 마끈으로 묶어 매다는 장식물 6개를 만든다.

2 청미래덩굴 1줄기는 두 줄의 원으로 감는다. 바깥쪽에 다시 1줄을 더 감아 3겹 원을 만들어 왼쪽 위의 1곳을 와이어로 고정하고, 마끈으로 손잡이를 만든다.

3 손잡이의 왼쪽 아래에 와이어로 피크를 감아 고정한다.

4 연필 오너먼트는 방향이나 길이를 다르게 하여 밸런스에 맞춰 묶는다.

5 3의 피크를 숨기듯이, 마끈으로 네임텍을 매단다.

6 네임텍에 살짝 걸리듯이 부들개지 5송이를 꽂는다.

※ 연필 만드는 방법

연필 모양으로 끝을 깎고 심 부분은 유성 펜으로 칠한다.

벚나무 가지

7~8mm

약 6cm

피크에 꽂은 모습

20

리스
초대의 마음을
리스에 담아서

화재 · 부속품
① 고사리 가지(약 55cm) 5줄기
② #26 브라운와이어
③ 라피아(갈색) 10줄
④ 화이트잉크펜
⑤ 양면테이프
⑥ 수국 1줄기
⑦ 유칼립투스 잎 7매
⑧ 미니데코 3개
⑨ 초콜릿코스모스 9줄기
⑩ 붉은 덩굴 리스(지름 38cm)

완성 사이즈
높이 38cm
가로 58cm
폭 15cm

어레인지먼트

1 라피아 10줄을 한 뭉치로 묶어 리스의 탑에 연결하여 손잡이를 달고, 고사리가지 5줄기는 리스 사이에 오선악보처럼 가로질러 꽂는다.

2 유칼립투스 잎에 WELCOME 글자를 그려서 오선악보에 양면테이프로 붙인다.

3 미니데코를 리스 둘레의 세 곳에 #26 브라운와이어로 고정한다.

4 미니데코에 수국을 작게 나누어 리스에 붙이듯이 길이에 차이를 주어 꽂는다.

5 수국 사이로 초콜릿코스모스 9송이를 밸런스에 맞게 삽입하여 마무리한다.

21

프리
해먹에
이끼뭉치를 올려서

화재·부속품
① 시트형 이끼 1/3판
② #20 그린와이어
③ 신서란 2줄기
④ 와이어 플랜츠 5줄기
  (40cm·32cm·28cm·17cm·14cm)
⑤ 오아시스 테이프
⑥ 플로럴 폼(지름 4cm 구체로 자른 것)

완성 사이즈
길이 30cm
가로 47cm
폭   12cm

어레인지먼트

1 70cm의 신서란은 잎 끝과 뿌리 쪽을 남긴 채 양끝은 1cm, 중앙부는 0.5cm 정도 찢는다.
※ 잎 끝과 뿌리 끝은 찢지 않아야 너덜거리지 않게 땋을 수 있다.

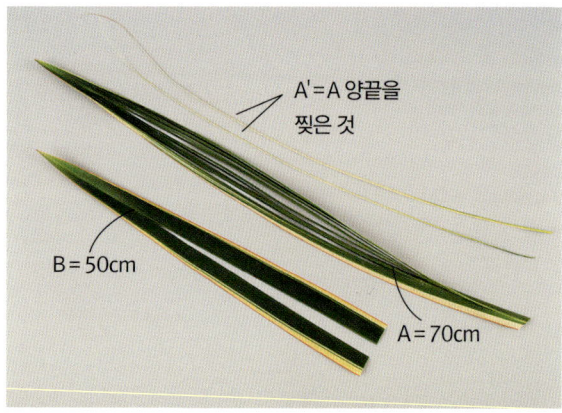

2 A의 양끝에서 2줄기를 떼어내고, A′의 1줄기는 손잡이용, 나머지 1줄기는 이끼를 묶어 해먹에 고정하는 용도이다. B 쪽은 끝을 남기고 두 갈래로 찢는다.

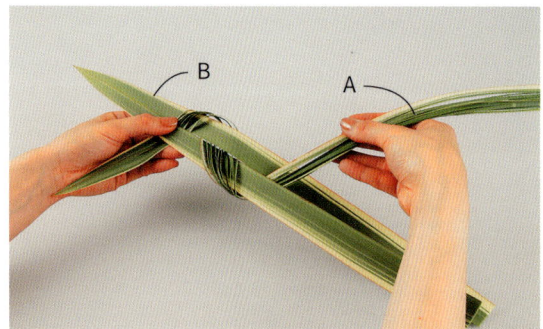

3 B의 잎에 A의 잎을 상하로 통과시켜 서로 다르게 땋는다.

4 사진처럼 해먹으로 땋고 안쪽의 매듭처리는 양쪽을 접어서 오아시스 테이프로 3곳을 반고정한다.

와이어

꼰다

6 둥글게 자른 플로럴 폼에 시트에서 벗겨낸 이끼를 감아 인스턴트 이끼뭉치를 만든다.

5 와이어를 반으로 접어 U자형으로 만들어 안쪽의 그물망을 통과시킨 후 끝을 꼬아서 고정하고, 와이어의 양 사이드에 2의 A´ 1줄기로 손잡이를 단다.

7 신서란의 A´1줄기의 섬유로 이끼뭉치를 묶고 남은 끝은 자르지 말고 해먹에 부착하는 용도로 삼는다.

8 7에서 남은 섬유를 통과시켜 해먹에 매단다.

9 짧은 와이어 플랜츠 3줄기는 이끼뭉치의 중앙에 바람에 흔들릴 수 있도록 꽂는다.

10 부드러움과 경쾌함을 연출하기 위해 긴 와이어 플랜츠 2줄기를 이끼뭉치 아래쪽의 좌우로 꽂은 후 손잡이에 감아올린다.

프리 –일본 스타일–

클레마티스로 촉촉하게

화재·부속품

① 클레마티스 2줄기
② 윤판나물 3줄기
③ 새우난초 3줄기
④ 굵기 2~3cm의 대나무(20~25cm)
　4개를 라피아로 묶은 것
⑤ 사발화분(구경 15.5cm 높이 9cm)
⑥ 침봉(지름 7cm)

완성 사이즈

높이 10cm
가로 40cm
폭　 25cm

어레인지먼트

어린 대나무 오너먼트의 틈사이로 침봉에 클레마티스를 좌우로 길게 꽂아 윤판나물과 새우난초로 폭을 만든다.

23

프리 –일본 스타일–

주기와 술잔에 담은
화초의 수수함

화재 · 부속품

① 윤판나물 1줄기
② 흰붓꽃 잎 2줄기
③ 쑥부쟁이꽃 3줄기
④ 고비 1포기
⑤ 구멍 뚫린 돌
⑥ 주기(구경 13cm 깊이 5.5cm)
⑦ 술잔(구경 6cm 깊이 5.5cm) 2개

완성 사이즈

높이 20cm
가로 35cm
폭   20cm

어레인지먼트

1 술잔에 흰붓꽃과 쑥부쟁이를 꽂아, 사진처럼 왼손에 든 상태에서 다른 잔에 짧은 쑥부쟁이를 포개어 고정한다.

2 고비 뿌리는 씻어서 그대로 살리고, 구멍 뚫린 돌에 윤판나물을 꽂아서 왼쪽 앞으로 흘러내리게 하여 고비와 밸런스를 맞춘다. 1과의 밸런스를 잘 맞춘다.

프리 – 아시아 스타일–
파초일엽으로 느껴보는
아시아 스타일

화재 · 부속품

① 안스륨 2줄기
② 파초일엽 7장
③ 셀로움 1줄기
④ 작은 화분(구경 11cm 높이 6cm)
⑤ 뚜껑 달린 바구니
(구경 12cm 높이 7cm)

완성 사이즈

높이 46cm
가로 43cm
폭　24cm

어레인지먼트

베이스

1　사진처럼 베이스를 만든다. 파초일엽의 축을 남기고 2장으로 나누어, 단면을 아래로 하고 잎의 표면을 안쪽으로 해서 작은 화분 사이즈에 맞춰 빙글빙글 감아 고무줄로 고정한다

2　베이스를 작은 화분에 넣는다. 안스륨 2줄기를 밸런스에 맞춰 꽂고, 셀로움 1줄기를 뿌리 쪽에 꽂는다.

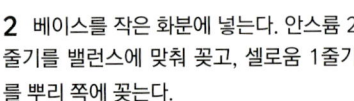

25

프리 – 프렌치 스타일–

후루츠한 느낌을 위해
자두를 곁들여

화재 · 부속품
① 개맥문동 1포기
② 범부채 열매 2줄기
③ 등대철쭉 1줄기
④ 리시안서스 2송이
⑤ 스프레이카네이션(그린 발렌타인) 2줄기
⑥ 백합(붉은색) 2송이
⑦ 오키드(언블랙) 2줄기
⑧ 자두 1개
⑨ #26 그린와이어
⑩ 셀로판
플로럴 폼

화기
높이 16cm
가로 15cm
폭　 15cm

완성 사이즈
높이 31cm
가로 21cm
폭　 21cm

어레인지먼트

1 화기 안에 셀로판지를 깔고, 플로럴 폼은 테두리보다 2cm 정도 올라오게 세팅한다.

2 등대철쭉을 짧게 잘라 화기 둘레에 꽂는다.

3 중앙은 자두용으로 약간 비워두고, 안에서 앞쪽으로 백합을 화두까지 5송이 넣는다.

4 왼쪽에서 오른쪽으로 리시안서스를 백합보다 짧게 꽂는다.

5 각각 빈 부분에 스프레이카네이션을 채워 넣는다.

6 오키드(언블랙)를 짧게 잘라 등대철쭉 사이에 넣는다.

7 범부채 열매를 오키드 옆에 꽂아 넣으면 어레인지가 밝아지고 입체감도 생긴다.

8 자두를 3에서 비워둔 중앙에 넣고, 개맥문동은 뿌리 부분을 반으로 나누어, 그대로 오른쪽 안쪽의 플로럴 폼에 일렬로 꽂는다. 개맥문동의 잎 끝을 각각 와이어로 묶은 후 왼쪽 위에서 교차시켜 7을 덮고, 앞쪽과 왼쪽의 플로럴 폼에 꽂는다.

26

프리
가막살나무로 연출한 초여름

화재 · 부속품
① 라일락 7줄기
② 가막살나무 5줄기

화기
구경 16cm×8cm의 타원형
높이 22cm

완성 사이즈
높이 67cm
가로 76cm
폭 30cm

어레인지먼트

1 라일락은 화기 높이의 약 2배로 잘라 화기 입구에서 길쭉하게 2줄기(1줄기만 하면 쓸쓸하므로)를 왼쪽으로 기울여 꽂는다. 단면은 화기의 모서리에 닿도록 넣는다. 오른쪽 라일락은 왼쪽의 2/3 길이로 3줄기를 잘라 같은 방법으로 넣어 화기 속에서 교차시킨다.

2 왼쪽 앞으로 비스듬하게 꽃이 많이 달린 라일락 1줄기를 꽂는다. 밑이 교차한 곳에서 오른쪽으로 기울어진 라일락을 아름답게 보이도록 꽃의 방향을 다르게 하여 고정한다.

3 가막살나무 5줄기는 중앙의 앞뒤로 매스(덩어리)로 꽂고, 라일락 가지를 왼쪽 앞으로 꽂아 밸런스를 맞춘다

화재의 길이를 결정하는 방법
직선과 곡선과 매스(덩어리)에 따른 입체적 구성

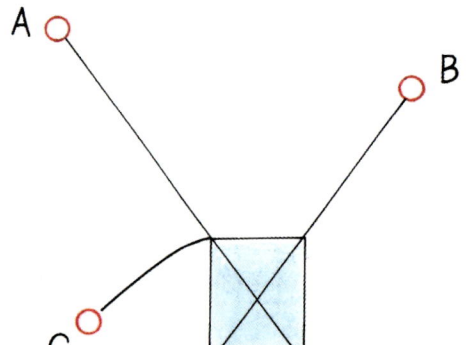

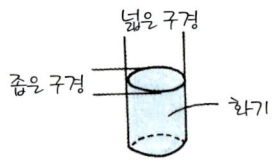

스케일
A의 길이=화기(높이+좁은 구경)×1.5배
B의 길이=A×약 2/3
C의 길이=A×약 1/2
※ 이 치수에 화기 속에 들어가는 길이를 더한다.

27

버티컬
버티컬로
산뜻하게

화재·부속품	화기	완성 사이즈
① 범부채 열매 1줄기	높이 16.5cm	높이 64cm
② 구슬 45개	가로 14.5cm	가로 14.5cm
③ 유리컵(구경 8cm 깊이 5cm) 3개	폭 6.5cm	폭 6.5cm

어레인지먼트

먼저 유리화기의 바닥에 포인트로 구슬을 넣고, 그 위에 유리컵 3개를 눕혀서 교차로 넣어 꽃을 고정하는 장치로 만든다. 범부채 열매를 63cm 정도로 잘라 세팅한 고정 장치의 중앙에 똑바로 늠름하게 세워 넣는다.

28

링 어레인지먼트
이스터컬러를
사용해서

화재 · 부속품
① 스프레이장미 1줄기(4송이)
② 라눙쿨루스(노란색) 4줄기/(흰색) 2줄기
③ 락스파(보라색) 5송이
④ 케라스티움 6~8줄기
⑤ 달걀껍데기 1개
⑥ 달걀껍데기 1/2개와 초콜릿
⑦ 토끼 장식품
⑧ 덩굴 리스
　대/지름 25cm 높이 10cm
　소/지름 15cm 높이 8cm

화기
구경 15cm
높이 12cm

완성 사이즈
높이 10cm
가로 25cm
폭　 25cm

어레인지먼트

1 덩굴 리스 대 · 소를 겹쳐 유리화기 위에 올려놓는다.

2 리스 대 · 소의 비어 있는 부분과 중앙에 꽃을 고정하는 용도로 케라스티움을 꽂는다.

3 라눙쿨루스 흰색 2송이와 노란색 3송이를 병아리가 얼굴을 내민 것처럼 표정을 살려서 넣는다.

4 락스파, 스프레이장미를 포인트로 꽂는다.

5 달걀껍데기는 서로 다른 모양과 방향으로 늘어놓고, 오른쪽에는 색깔이 있는 달걀처럼 보이도록 초콜릿을 넣고, 왼쪽에는 이게 막 껍데기를 부수고 나오는 병아리인 양 라눙쿨루스를 꽂아 토끼가 달걀을 가져온 것처럼 배치한다.

29

링 어레인지먼트
할로윈에는
신나게

화재 · 부속품
① 옥수수(드라이) 5개
② 헬레늄 1줄기
③ 단호박 1개
④ 홍고추 3줄기

완성 사이즈
높이 25cm
가로 28cm
폭   16cm

어레인지먼트

1 뚜껑은 단호박 껍질을 지름 9cm 정도
로 잘라내고, 본체는 속을 파내어 화기로
만든다.

2 1의 화기에 물을 담는다.

3 옥수수를 다발로 묶어 화기에서 쏟아
질 듯이 넣는다.

4 홍고추는 뒤쪽에서 비스듬하게 오른
쪽으로 기울여 넣고, 옥수수는 화기 테두
리보다 13cm 정도 나오게 넣는다.

5 헬레늄 1줄기는 몇 송이로 나누어 홍고
추보다 높게 꽂아 포인트를 주고 뚜껑을 곁
에 비스듬히 세운다.

30

스퀘어
꽃병풍의
히나 장식

화재 · 부속품

① 복숭아나무 5줄기
② 스위트피(핑크) 16줄기
③ 배꽃 약 10줄기
④ 루모라고사리 1줄기
⑤ 복숭아나무 가지(약 6cm) 2개
⑥ 페트병(900ml) 2개
⑦ 래핑 페이퍼(59cm×33cm)
수예용 본드
스테이플러
플로럴 폼

완성 사이즈

높이 76cm
가로 72cm
폭   10cm

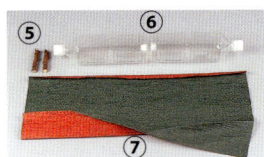

어레인지먼트

1 화기는 페트병의 일면을 잘라내어 플로럴 폼이 들어가게 한다. 2개의 바닥에 본드를 붙여 1개로 만들면 이동하기가 편하다. 페트병에 플로럴 폼을 넣고 리버시블루의 래핑페이퍼로 커버를 씌우는데, 포인트로 뒷면의 초록색이 보이도록 종이를 살짝 뒤집어 접어 스테이플러로 찍는다. 스테이플러 자국이 보이지 않도록 복숭아나무 가지에 칼집을 넣어 고정한다.

2 플로럴 폼 뒤쪽에 일렬로 복숭아나무 5줄기를 75cm 정도 곧게 꽂는다. 양 사이드의 길이는 비슷한 정도로 하고, 그 사이의 복숭아 가지는 높이를 다르게 하여 움직임을 준다.

3 복숭아나무 줄기의 5~7할 높이로 스위트피 6줄기를 2의 사이에 일렬로 꽂는다.

4 루모라고사리를 나누어 2·3의 발밑에 넣는다.

5 배꽃을 짧게 잘라 플로럴 폼의 앞쪽에 높이를 다르게 하여 일렬로 꽂고, 잎도 사용하여 플로럴 폼의 비어 있는 부분을 채운다.

6 남은 스위트피를 몇 줄기로 나누어 배꽃 사이와 3에서 삽입한 긴 스위트피 사이에 꽂는다.

스퀘어

평면도

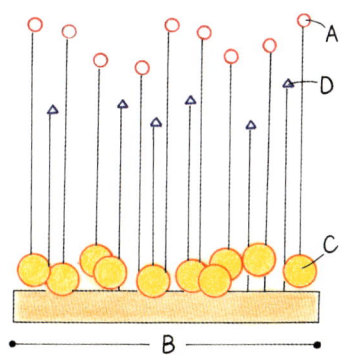

측면도

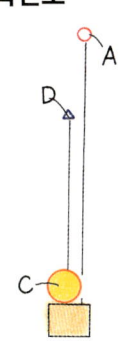

스케일
A=스퀘어의 높이(화기의 폭과 거의 같다.)
B=화기의 폭(페트병 2개 분량)
C=A의 1/5 전후의 높이
D=A의 3/5 전후의 높이

래핑페이퍼 접는 방법

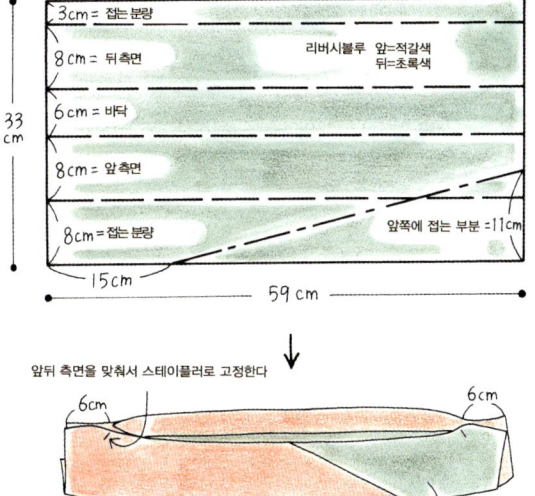

31

프리 –L을 의식하며–

달콤한 향기...
히나 마츠리

화재 · 부속품
① 복숭아나무 1줄기(5가지)
② 스프레이스톡(핑크) 2줄기(8송이)
③ 섬시호 1줄기
④ 화기(높이 12cm 입구의 가로 12cm 폭 3cm)

완성 사이즈
높이 45cm
가로 25cm
폭   10cm

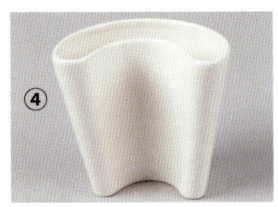

어레인지먼트

1 스프레이스톡의 가지가 나뉘는 부분을 잘라서 꽃이 8송이
인 한 덩어리로 만들어 화기의 오른쪽에 넣는다.

2 섬시호도 스프레이스톡과 마찬가지로 덩어리로 만들어
왼쪽에 넣는다.

3 복숭아나무도 스프레이스톡과 마찬가지로 나눠 1줄기는 46cm 정
도 왼쪽으로 기울이고, 나머지는 길이를 다르게 하여 섬시호를 고정도
구로 삼아 사이에 꽂는다.

33

부채꼴
곧고 길게 뻗어나가는
꽃창포의 기상처럼

화재 · 부속품
① 창포(흰색) 13송이
② 창포(보라색) 22송이
침봉(지름 10cm)

완성 사이즈
높이 83cm
가로 77cm
폭   30cm

화기
가마
(구경 11cm 지름 19.5cm 높이 15.5cm)

어레인지먼트

1 화기에 침봉을 넣고, 창포(보라색) 약 80cm[(화기의 높이+지름)×약 1.5배+화기의 높이]를 중앙보다 살짝 뒤에 1줄기, 좌우에 살짝 짧게 1줄기씩 꽂아 부채꼴로 프레임을 만든다.

2 3줄기의 프레임 사이에 부채꼴의 커브를 그리듯이 남은 창포(보라색)을 꽂는다.

3 전체의 7할 정도 높이로 창포(흰색) 6줄기를 넣는다.

4 전체의 약 절반 정도의 높이로 창포(흰색) 7줄기를 앞쪽에 꽂아 입체감을 살린다.

32

프렌치샤포

깜짝 상자 같은…
작은 꽃으로 장식한 히나마츠리

화재 · 부속품

① 파우더 플로럴 폼(핑크 · 그린 · 화이트) 3색
② 히나아라레(칼로 플로럴 폼을 자른 것)
　 그린 1개, 핑크 · 화이트 각 2개
③ 히나 피크 1개
④ 와이어 코드(그린 · 화이트 · 핑크) 각 80cm
⑤ 알케밀라 몰리스 10줄기
⑥ 마드리카리아(옐로우)
⑦ 플로럴 테이프

유리 화기

높이 12cm
사방 11cm

완성 사이즈

높이 30cm
가로 22cm

어레인지먼트

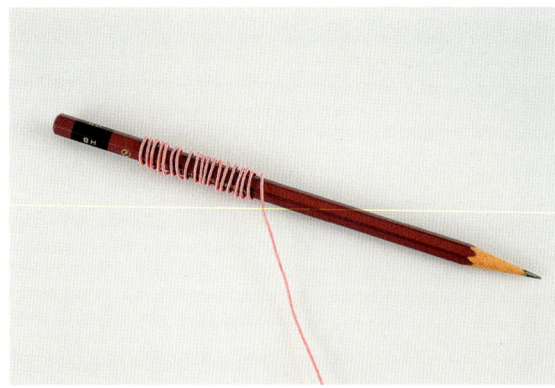

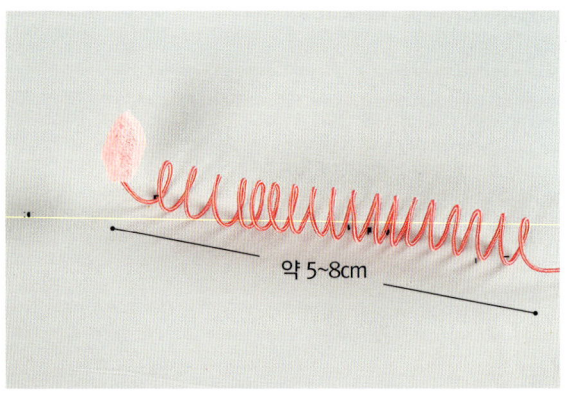

약 5~8cm

1 히나아라레 피크를 만든다. 와이어코드를 연필로 감아서 나선 모양으로 만든다.

2 끝에 분홍색 히나아라레처럼 보이는 칼라 플로럴 폼을 꽂는다. 같은 방법으로 그린 · 화이트 와이어로 각 2개씩 만든다.

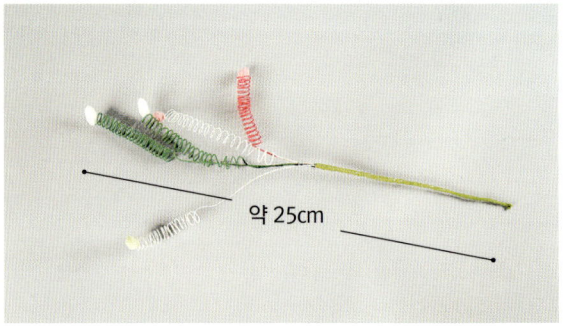

약 25cm

3 3색의 5줄 와이어코드를 밸런스에 맞춰 다발로 묶고, 플로럴 테이프로 감는다.

4 히나아라레 피크가 완성됐다.

5 파우더 플로럴 폼 3색을 2.5cm씩 세 겹으로 쌓은 후에 천천히 물을 부어 굳히면 히시모치의 이미지가 된다.

6 어리고 연한 풀색의 알케밀라 몰리스를 사방에 꽂는다.

7 다시 알케밀라 몰리스로 전체를 둥글게 덮는다.

8 마드리카리아의 노란색을 사이에 채워 봄의 산뜻함을 연출한다.

9 히나아라레 피크와 히나 피크를 뒤쪽에 꽂는다.

34

스프레이바스켓
어머니의 날에
감사하는 마음을 담아서

화재 · 부속품
① 청미래덩굴 1줄기
② 쥰베리 8줄기
③ 벨 클레마티스 6송이
④ 금낭화 1줄기
⑤ 부들개지 6줄기
⑥ 브로디아(캘리포니아) 7줄기
⑦ 스모크트리 7줄기
⑧ 알케밀라 몰리스 3줄기
⑨ 매화오리나무 2줄기
⑩ 라피아
⑪ 줄기(사용한 꽃의 줄기를 사용) 5개
⑫ 카드, 카드를 끼워 세울 수 있는 가지
플로럴 폼

화기
망사 포장지(래핑재)
48cm×48cm

바구니
높이 13cm 가로 25cm 폭 15cm

플라스틱 용기
구경 13cm 높이 10cm

완성 사이즈
높이 28cm
가로 53cm
폭 25cm

어레인지먼트

1 바구니 안에 망사 포장지를 깔고, 플로
럴 폼을 용기보다 3cm 정도 높게 세팅하
여 바구니 중앙에 넣는다.

2 청미래덩굴을 약 40cm(바구니 높이+구경
(좁은 곳)×약 1.5배) 정도 오른쪽으로 흐르듯
이 꽂는다.

3 벨 클레마티스를 청미래덩굴에 붙여
서 차례대로 짧게 5줄기 넣고, 남은 1줄
기는 앞쪽에 3~4cm 정도 나오게 꽂는다.

4 브로디아도 오른쪽을 향해 3의 사이에 넣고, 중앙은 약간 곧게 꽂는다.

5 빈 공간을 알케밀라 몰리스로 메운다.

6 스모크트리를 전체에 살짝 걸치듯이 꽂는다.

7 쥰베리와 매화오리나무도 오른쪽 방향으로 꽂고, 금낭화는 눈에 띄도록 높은 곳에 꽂는다.

8 부들개지를 넣어 포인트를 주고 왼쪽에 20cm 정도의 줄기 다발이 꽃다발처럼 보이도록 꽂는다. 줄기를 꽂은 곳을 망사 포장지로 감싸고 라피아로 나비매듭(완성 폭 17cm)을 묶어 장식한다.

9 가지에 칼집을 넣어 카드를 끼우고 왼쪽 뒷편의 플로럴 폼에 끼워 메시지를 첨부한다.

35

부등변삼각형
강하지만 내면은 부드러운…
아버지를 위해 선물과 함께

화재 · 부속품
① 굵기 1cm의 굵은 노끈 3m 20cm
② 아스파라거스(플루모서스) 2줄기
③ 죽대 4줄기
④ 흑패모 10줄기
⑤ 오리엔탈나리(핑크색) 6줄기
⑥ 산데르소니아 5줄기
⑦ 500ml 페트병
　　(바닥에서 7cm 정도 잘라낸 것)
⑧ #28 와이어
⑨ 접착제
⑩ 양면테이프
플로럴 폼

완성 사이즈
높이 40cm 가로 30cm 폭 23cm

어레인지먼트

1 페트병 표면에 양면테이프를 세로로 세 곳 붙이고 그 위를 나선형으로 노끈을 감는다. 노끈의 시작과 끝 부분은 와이어나 접착제로 단단히 고정한다. 화기 안에 플로럴 폼을 1.5cm 올라오게 세팅한다.

※ 노끈은 아래에서 위로 감는 것이 편하다.

2 플로럴 폼의 뒤쪽으로 산데르소니아를 센터 탑에 넣고 양 사이드, 앞쪽, 그 사이에 짧게 꽂아 부등변삼각형의 프레임을 만든다.

3 오리엔탈나리 6줄기는 중앙 가까이에 꽂아 부등변삼각형의 공간을 메운다.

4 죽대는 낮게 4줄기 꽂는다.

※ 잎들이 다 비슷하게 생겼으므로 겹치는 곳은 잎을 제거하고 형태나 색깔이 다른 죽대를 넣어 변화를 준다.

5 흑패모는 살짝 오른쪽 위, 왼쪽 사이드, 오른쪽 사이드에 부등변삼각형으로 꽂고, 나머지는 중앙의 오리엔탈나리 부근에 꽂는다.

6 비어 있는 곳에 아스파라거스를 꽂으면 완성.

36

랙탱글 -일본 스타일-
가을의 정취, 달맞이

화재 · 부속품
① 플로럴 폼(링) 외경 25cm
② 베고니아 1줄기
③ 이끼 조금
④ 땅두릅 꽃 2줄기
⑤ 그령 5줄기
⑥ 강아지풀 9줄기
⑦ 도라지 2줄기
⑧ 오이풀 1줄기
⑨ 마타리 1줄기
⑩ 참억새 3줄기

화기
쟁반(지름 28cm)

완성 사이즈
높이 85cm
가로 55cm
폭   55cm

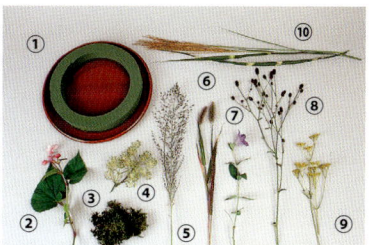

어레인지먼트

1 플로럴 폼(링)의 모서리를 깎아내고 쟁반에 세팅한다.

2 이끼를 손으로 가볍게 눌러 플로럴 폼의 둘레를 덮고 분무기로 물을 뿌린다.
※ 이끼로 플로럴 폼을 덮으면 잘 마르지 않아서 화초가 적어도 괜찮다.

3 참억새는 83cm 정도를 오른쪽에 1줄기, 길이를 다르게 해서 앞쪽과 왼쪽 깊은 곳의 3곳(균일하지 않아야 무거운 느낌이 들지 않는다)에 꽂고 도라지도 같은 방법으로 길이를 다르게 하여 참억새 옆에 넣는다.

4 강아지풀, 마타리는 참억새 사이에 밸런스에 맞춰 꽂는다.

5 그령을 전체에 흩뜨려 꽂고, 포인트로 베고니아를 넣는다.

6 땅두릅 꽃을 짧게 이끼 위에 꽂으면 그린 컬러의 농담이 아름답게 반영된다. 마지막에 포인트로 오이풀을 꽂는다.

프리

결실의 가을을
바구니 한가득

화재 · 부속품
① 으름덩굴 3줄기
② 석류나물 2줄기
③ 베로니카 5줄기
④ 포도 2송이
⑤ 맨드라이 5송이
플로럴 폼

화기
작은 화분 (구경 11cm×높이 6cm)
바구니 (높이 20cm×폭 24cm)

완성 사이즈
높이 36cm
가로 48cm
폭   30cm

어레인지먼트

1 작은 화분에 플로럴 폼을 넣고 테두리에서 1.5cm 정도 나오게 세팅한 뒤 모서리는 깎아낸다. 작은 화분을 바구니의 왼쪽 앞으로 놓는다.

2 잎이 달린 으름덩굴 40cm 정도를 왼쪽 앞으로 흐르듯이 꽂고, 40cm 정도의 덩굴만 반으로 접어서 가볍게 커브를 만들어 오른쪽 위로 기울여서 꽂아 상하에서 만나는 것처럼 넣는다.

3 왼쪽 옆과 오른쪽 으름덩굴의 발밑에 으름덩굴 잎을 넣고, 석류나물 끝을 커브를 그리며 덩굴 앞으로 꽂는다.

4 맨드라이 3송이를 짧게 잘라 부등변삼각형으로 꽂고 베로니카는 맨드라미보다 길게, 각각의 사이에 꽂아 움직임을 만들어낸다.

5 남은 석류나물은 왼쪽 앞으로 3의 석류나물과 이야기를 나누는 것처럼 위쪽을 향해서 꽂고, 오른쪽의 비어 있는 부분에 포도 2송이를 장식하여 마무리한다.

리본 묶는 방법

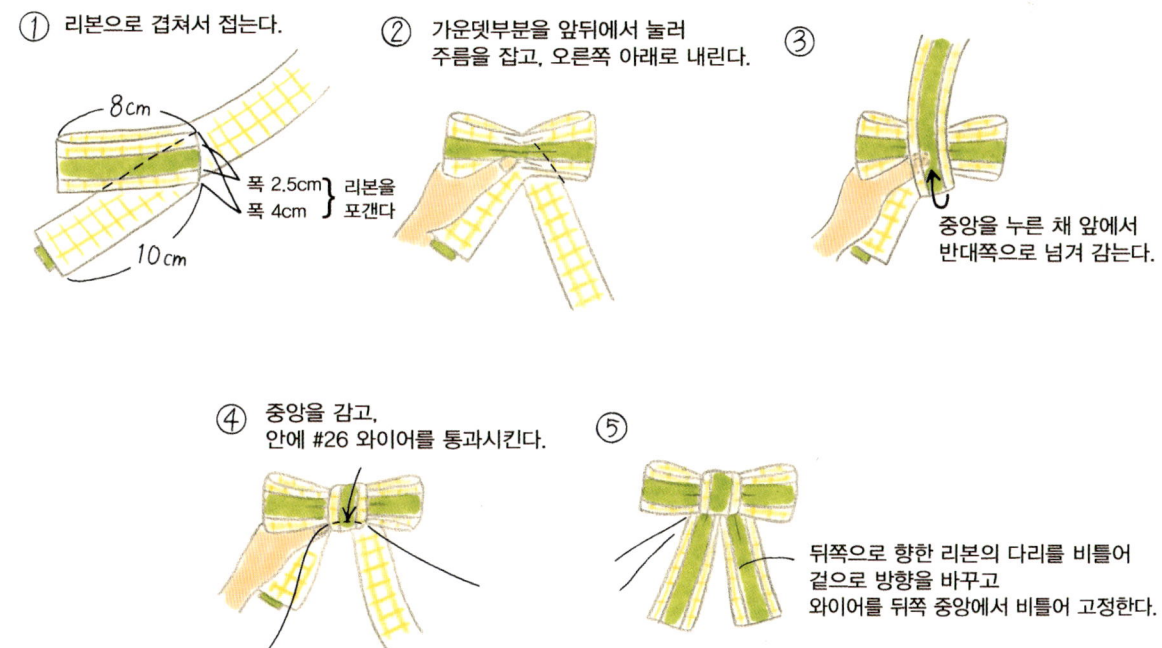

① 리본으로 겹쳐서 접는다.

8cm

폭 2.5cm
폭 4cm } 리본을 포갠다

10cm

② 가운뎃부분을 앞뒤에서 눌러 주름을 잡고, 오른쪽 아래로 내린다.

③ 중앙을 누른 채 앞에서 반대쪽으로 넘겨 감는다.

④ 중앙을 감고, 안에 #26 와이어를 통과시킨다.

⑤ 뒤쪽으로 향한 리본의 다리를 비틀어 겉으로 방향을 바꾸고 와이어를 뒤쪽 중앙에서 비틀어 고정한다.

삼중 나비매듭 만드는 방법

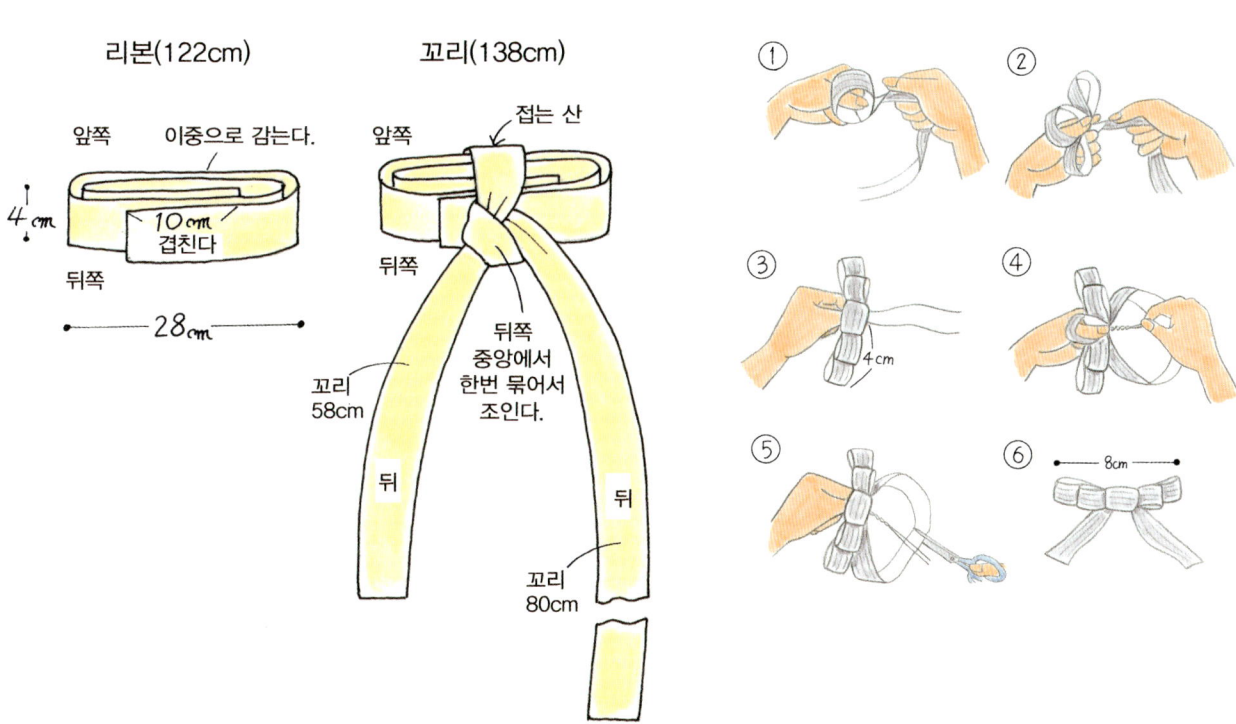

리본(122cm)

앞쪽 이중으로 감는다.

4cm

10cm 겹친다

뒤쪽

28cm

꼬리(138cm)

접는 산

앞쪽

뒤쪽

뒤쪽 중앙에서 한번 묶어서 조인다.

꼬리 58cm

뒤

뒤

꼬리 80cm

5루프 코르사지보우

①

②

③

4cm

④

⑤

⑥

8cm

38

크리스마스 데코레이션

화재 · 부속품

① 치킨 와이어(30cm×27cm)
　플로럴 폼(가로 7.5×세로 17cm×두께 3cm)
　투명 플라스틱 접시
② 와이어가 삽입된 리본 폭 2.5cm×150cm
③ 노송나무　2줄기
④ 청미래덩굴 열매 1줄기
⑤ 오키드(덴드로븀 팔레놉시스) 1줄기
⑥ 장미(로테로제) 3송이
⑦ 마끈 굵기(2mm× 길이 120cm)

완성 사이즈

높이　50cm
가로　25cm
폭　　9cm

노송나무 자르는 방법

45cm 정도로 잘라
아래쪽에 사용한다.

가지를 잘라서 위쪽
과 좌우에 사용한다.

노송나무 고정하는 방법

베이스

#26 와이어

5~6cm 아래

가지에 와이어를 감은 후 베이스 양
끝의 아래쪽에도 와이어를 감아 고
정한다.

어레인지먼트

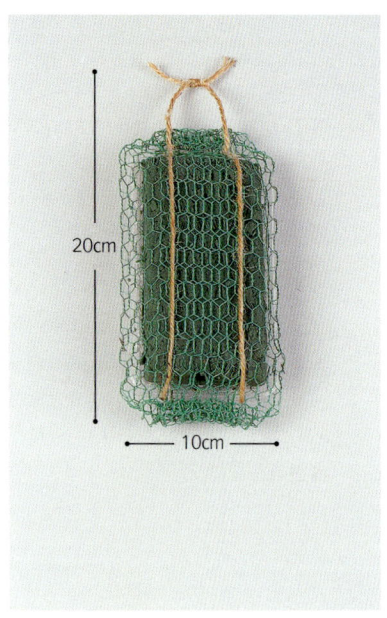

20cm

10cm

1　베이스를 만든다. 물에 적신 플
로럴 폼을 플라스틱 접시에 담아 치
킨와이어 위에 넣는다. 치킨와이어
는 뒤쪽에서 포개어 상하를 접고 마
끈으로 감아 2곳을 묶은 후 다시 마
끈끼리 묶어 손잡이를 만든다.

2　노송나무는 가지 끝이 아름다운
부분으로 45cm 정도 잘라 1의 베
이스 아래쪽에 꽂은 후 떨어지지 않
도록 와이어로 고정한다. 그리고
15cm 정도로 잘라낸 노송나무를
위와 옆에도 꽂아 사이즈를 정한다.

50cm

25cm

3 1의 베이스의 사이드에 방사선형으로 노송나무를 꽂는다.

4 베이스의 윗면에도 방사선형 으로 노송나무를 꽂아 플로럴 폼을 덮는다.

5 청미래덩굴 열매 1개를 4의 노송나무 위에 삽입하고 떨어지지 않도록 상하 두 곳을 와이어로 고정한다.

6 장미는 줄기를 5~6cm 정도만 남겨 잘라내고, 노송나무와 비슷한 높이에서 플로럴 폼 부분에 밸런스를 맞춰 3송이를 꽂는다.

7 오키드(덴파레) 1줄기를 3개로 나누어 끝 부분은 아래에 사용하고, 나머지는 왼쪽 위, 오른쪽 옆에 넣는다.

8 폭 2.5cm의 리본을 나비매듭으로 묶어 왼쪽 위에 와이어로 고정하고, 리본의 꼬리는 7의 양 사이드로 흘러내리게 한다.

트라이앵글
키친
오너먼트

화재 · 부속품

① 노송나무(잎이 달린 가지 38cm · 26cm) 각 1줄기
  (가지만 31cm) 1줄기
② #26 그린 와이어
③ 폭 4cm · 폭 2.5cm 리본 각 50cm
④ 홍고추 8개
⑤ 마늘 2편
⑥ 마끈 굵기 2mm×3m

완성 사이즈

높이 56cm
가로 31cm
폭   4cm

어레인지먼트

1 삼각형 리스를 만든다. 아랫부분은 잎이 달린 가지, 왼쪽은 가지 끝에 잎이 달린 가지, 오른쪽에는 잎이 전혀 없는 가지로 변화를 주어 삼각형으로 만들어 마끈으로 묶는다. 손잡이는 마끈으로 12cm의 링을 만들어 탑에 단다.

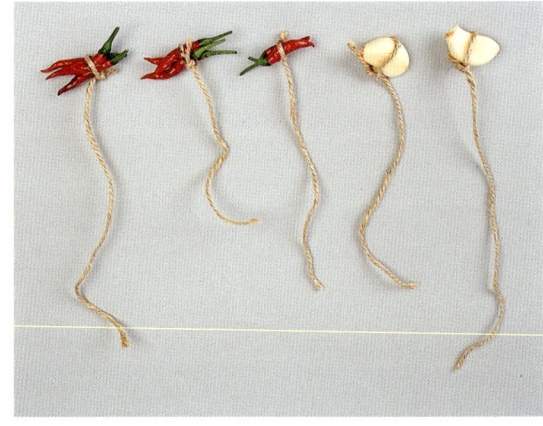

2 마늘 껍질은 벗기고, 홍고추는 2~3개씩 묶음을 만든 뒤, 각각 마끈의 길이를 다르게 묶은 오너먼트를 5개 만든다.

3 리스의 아랫부분에 오너먼트를 묶어 장식한다.

4 리본을 만들어 오른쪽 아랫부분에 리본 와이어로 고정한다.

40

크레센트

화려한
도어 오너먼트

화재 · 부속품

① 노송나무 2줄기
② 플로랄 테이프
③ 옷걸이
④ 와이어 리본(폭 5.2cm×길이 250cm)
⑤ 치킨 와이어(40cm×28cm)
⑥ 청미래덩굴 열매 30cm, 20cm 각 2줄기
⑦ 칼라 핑크색 5송이
⑧ 칼라(마제스틱 레드) 3송이
⑨ 솔방울(블루) 5개
⑩ #26 그린와이어

완성 사이즈

높이 26cm
가로 100cm

어레인지먼트

치킨와이어 거는 방법

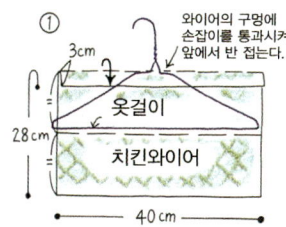

① 와이어의 구멍에 손잡이를 통과시켜 앞에서 반 접는다.

3cm
28cm
옷걸이
치킨와이어
40cm

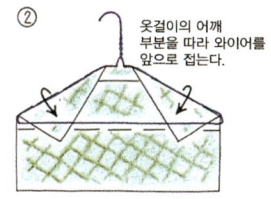

② 옷걸이의 어깨 부분을 따라 와이어를 앞으로 접는다.

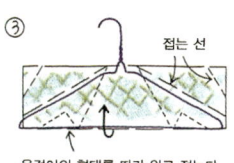

③ 접는 선
옷걸이의 형태를 따라 위로 접는다.

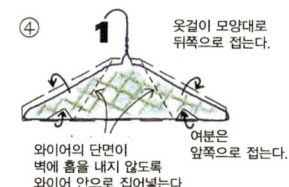

④ 옷걸이 모양대로 뒤쪽으로 접는다.
와이어의 단면이 벽에 흠을 내지 않도록 와이어 안으로 집어넣는다.
여분은 앞쪽으로 접는다.

1 옷걸이에 치킨와이어를 두르고 손잡이 부분은 플로럴 테이프로 감는다. 양 사이드의 5cm 안쪽(뒷면)의 치킨와이어에 와이어를 통과시키고 반으로 접는다.

2 노송나무 끝을 40cm 정도로 2개 잘라 와이어를 감은 양 사이드에서 뒤로 5cm 정도 집어넣고 1의 와이어로 떨어지지 않도록 고정한 뒤, 남은 노송나무는(굵은 가지에서 잘라내어 짧은 부분을 사용한다) 손잡이의 좌우에 4줄기씩 꽂아 프레임을 만든다.

※ 노송나무를 꽂는 부분의 잎이 떼어내지 않고 그대로 사용하면 와이어가 확실하게 고정된다.

3 중앙을 20cm 정도 비우고 방사선형으로 노송나무를 넣는다.

4 다시 3의 비어 있는 중앙부에 노송나무를 살짝 세워서 꽂음으로써 입체감을 준다.

5 칼라(핑크색) 5송이는 방사형으로 밸런스에 맞춰 치킨와이어에 꽂는다.

6 칼라(마제스틱레드) 3송이를 중앙에 세워서 넣는다(따뜻한장소에둘 경우에는 물을넣은피크에꽂아사용한다).

7 30cm 정도의 청미래덩굴을 좌우로 흘러내리듯이 2줄기 꽂은 후 와이어로 빠지지 않도록 고정하고, 20cm짜리 덩굴을 오른쪽 위와 왼쪽 아래에 넣는다. 솔방울은 칼라의 좌우에, 노송나무 사이로 살짝 보이게 꽂는다.

8 손잡이 부분에 삼중나비 매듭(141P 참조)으로 리본을 묶어 장식한다.

145

41

하트 리스
시크한
하트 리스

화재 · 부속품
① #26 그린와이어
② 하트 리스 30cm
③ 프렌치코드 굵기 8mm×길이 45cm
④ 크리스마스 타이틀 플레이트
⑤ 메탈 페더 리본 폭 36mm×길이 130cm
⑥ 소프트 레몬바질(그린) 1봉지
⑦ 소프트 팝꽃(그린) 3봉지
⑧ 소프트 참마 1개
⑨ 소프트 린플라워(그린) 9줄기
★ ⑥~⑨는 프리저브드 플라워

완성 사이즈
길이 45cm
가로 37cm
폭　10cm

어레인지먼트

1 하트 리스의 윗부분에 프렌치코드를 달아 손잡이를 만든다.

2 하트 리스의 왼쪽에는 소프트 팝꽃을 밀집시켜 꽂는다.

3 하트 리스의 오른쪽에는 2~3장의 잎을 달고 있는 레몬바질의 줄기를 나누어 위를 향해 꽂는다.

4 포인트로 린플라워의 꽃 부분을 오른쪽의 잎 사이에 꽂고, 왼쪽에는 노란색 참마(프리저브드 플라워) 참마 1개를 삼등분으로 나누어 세 곳에 꽂는다.

※ 화재는 위에서 아래를 향해 단단히 꽂으면 떨어지지 않는데, 잘 되지 않는 경우에는 본드나 글루건을 사용하면 된다.

5 컬 상태의 메탈 페더 리본을 하트의 오른쪽에 살짝 얹고, 리본의 양끝과 중앙의 한 곳을 베이스인 리스에 꽂아 고정한다. 크리스마스 타이틀 플레이트를 와이어로 고정시켜서 마무리한다.

42

리스

포인세티아 리본으로
크리스마스 분위기를!

화재 · 부속품

① 청미래덩굴 리스 (지름 25cm)
② 와이어가 삽입된 리본 폭 65mm×길이60cm
③ 소프트 스모크트리(라이트 그린) 3봉지
④ 소프트 프렌치 필리카(화이트) 5줄기(1봉지)
⑤ 자작나무 잎 20매(1봉)
⑥ 꽝꽝나무 5줄기(1봉지)
★ ③~⑥은 프리저브드 플라워

완성 사이즈

지름 35cm
폭   10cm

어레인지먼트

1 화환의 작은 가지 사이에 스모크트리의 부드러운 부분을 꽂는다.

2 리스 전체에 스모크트리를 꽂아 베이스를 만든다.

3 프렌치 필리카의 꽃 부분을 5곳에 흩뜨려 꽂는다.

4 자작나무 잎을 1장씩 군데군데 밸런스에 맞춰 꽂는다.

5 꽝꽝나무의 작은 흰색 꽃도 포인트로 곳곳에 살짝 꽂아 마무리한다.

6 포인세티아 무늬의 리본을 손잡이에 화환을 걸어 크리스마스의 분위기를 연출한다.

O를 의식하며

아마릴리스를 이용한 정월어레인지

화재 · 부속품
① 아마릴리스 3송이
② 적송(소나무) 3줄기
③ 붉은 버들 7줄기
플로럴 폼

화기
사방 20cm
높이 6cm

완성 사이즈
높이 90cm
가로 50cm
폭 30cm

어레인지먼트

1 플로럴 폼을 화기 테두리보다 1.5cm 정도 높게 세팅한다.

2 아마릴리스는 줄기 끝이 갈라지기 쉬우므로 내수테이프로 감아 정돈한다.

3 아마릴리스를 왼쪽의 화기 끝에 맞춰 1송이 꽂는다.

4 마찬가지로 아마릴리스를 오른쪽 옆에, 첫 번째보다 살짝 낮게 꽂고, 남은 1송이는 앞쪽으로 낮게 꽂아 꽃이 피었을 때 전체가 아름답게 보이도록 꽂는다.

5 붉은 버들은 알파벳 O 모양으로 다듬으면서 양 사이드에 밸런스를 맞추어 꽂는다.

6 붉은 버들의 3~4할 높이까지 소나무(적송) 가지를 꽂는다.

7 붉은버들과 아마릴리스의 뿌리 쪽을 감추듯이 적송을 밸런스에 맞춰 삽입한다.

44

부채를 의식하고
대왕송과 호접란으로
화려하게

화재 · 부속품

① 오키드(호접란) 2줄기
② 대왕송 1줄기 −부목 27cm를 와이어로 고정한다.
③ 금색 염색 끈(길이 47cm×50줄)
　−다발로 묶어 원을 만들고, 부목 27cm를 와이어에 고정한다.
④ 금색 염색 끈(길이 38cm×150줄)
　−곧게 다발로 묶어 부목 27cm 와이어로 고정한다.
#26 와이어
십자형 고정용 가지

완성 사이즈

높이 70cm
가로 52cm

화기

구경 8cm 높이 32cm

어레인지먼트

1 화기 입구에서 3cm 정도 아래에 가지 2개를 크로스시켜 고정도구로 삼는다.

2 대왕송의 끝 부분이 입구에서 나오는 것처럼 부목을 대어 길이를 늘이고, 화기의 뒤쪽에 넣는다.

3 오키드를 앞쪽과 그 왼쪽에 넣는다. 대왕송보다 짧고 곧은 염색 끈은 대왕송의 오른쪽에 바짝 붙여서 넣고, 원으로 만든 염색 끈은 그 앞에 꽂아 볼륨을 준다.

가지 자르는 방법

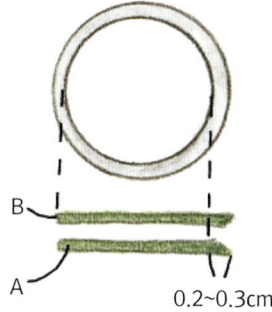

B

A

0.2~0.3cm

화기의 내경보다 0.2~0.3cm 긴 가지를 만들고, 한쪽의 단면을 비스듬하게 자른다.

십자형 고정

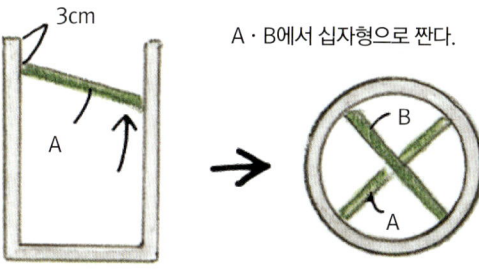

3cm

A

A · B에서 십자형으로 짠다.

B

A

A는 비스듬하게 자른 단면이 위로 향하도록 화기의 입구보다 3cm 아래까지 끌어올려 고정한다.

B는 A의 위에서 십자형으로 크로스 집어넣는다.

45

스퀘어
침엽수에 곶감을 어우러지게

화재 · 부속품
① 대왕송 1줄기
　(11cm 정도로 가지런히 자른다)
② 곶감 2개
　(굵기 약 1cm × 길이 25cm의 가지에 꽂는다)
③ 유리화기
　(높이 7cm 가로 13.5cm 폭 3.5cm)

완성 사이즈
높이 10cm
가로 25cm
폭　 7cm

어레인지먼트

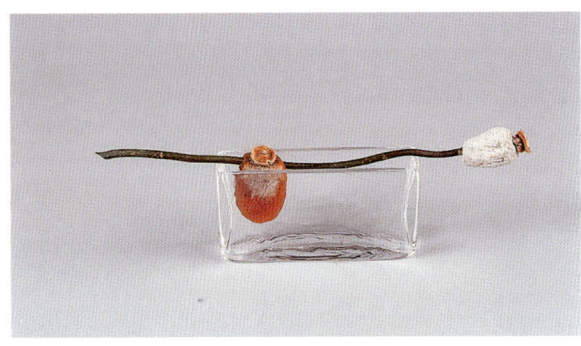

1 가지 끝에 곶감을 꽂아 유리화기 위에 얹는다. 유리화기 속의 왼쪽 끝에도 곶감을 꽂아 밸런스를 맞춘다.

2 1의 유리화기를 비스듬하게 기울여 들고, 11cm 정도(화기의 입구에서 3~4cm 위)로 가지런하게 자른 대왕송을 곶감이 있는 쪽부터 채워 넣는다.

3 유리화기에 채워 넣은 대왕송의 가지런하지 않은 부분은 평평하게 잘라 정돈한다.

46

부채꼴
죽탄과 소나무의 모던한
정월장식물

화재 · 부속품
① 프렌치 코드(빨간색)
　(굵기 50mm × 길이 70cm)
② # 20 · 24 갈색 와이어
③ 장구 오너먼트 1개
④ 플로럴 테이프
⑤ 깃털 염색끈 (보라색, 초록색, 금색)
　각 10줄
⑥ 부채(리버시블루 페이퍼 25cm × 40cm)
⑦ 소나무 가지 5줄기
⑧ 죽탄 8줄기

완성 사이즈
높이 60cm
가로 60cm

어레인지먼트

1 대나무 가지를 부채꼴로 만든다.

2 대나무 가지의 앞쪽 아랫부분에 소나무 가지도 다발로 묶어 플로럴 테이프로 임시로 고정하여 밸런스를 맞춘다.

3 원루프를 만든 3종 염색끈을 소나무 가지 위에 대고 #24 와이어로 고정한다.

4 #20 와이어로 단단히 고정하고 뒤쪽에서 걸 수 있도록 손잡이를 만든다.

5 부채 오너먼트를 염색끈 위에 올리고, 부채를 통과한 와이어로 고정한다.

6 아래쪽에는 프렌치코드를 한쪽 매듭으로 장식하고, 장구 오너먼트에 #24 와이어를 달아 다발 사이로 꽂아 넣으면 완성된다.

부채 만드는 방법
리버시블루 페이퍼의 아래쪽은 커브로 잘라서 위로 접고, 2.5cm 폭으로 접는 선을 8곳 만들어 접는다. 아래쪽에는 풀칠하고, 걸이 용도로 #24 와이어를 통과시킨다.

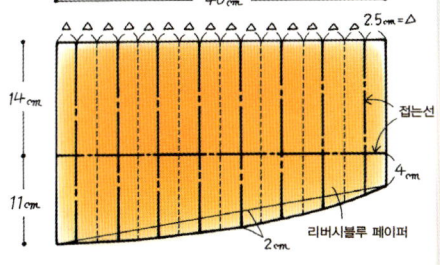

와이어를
통과시킨다

#20 갈색 와이어

4cm

프리
색종이로 포장한 현관 장신구

화재 · 부속품

① #22 · #26 와이어 각 1줄
② 소나무 가지 1줄기
③ 수양버들 1줄기
④ 남천 열매 1가지
⑤ 미니 수선화 2줄기
⑥ 피크 1개
⑦ 홍백의 얇은 끈 5줄
⑧ 색종이 각 1매
　(붉은색 25cm×50cm · 흰색 25cm×50cm)
고무줄

완성 사이즈

높이 77cm
가로 42cm
폭　 8cm

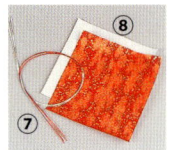

어레인지먼트

1

2

1 포장종이를 만든다. 홍백의 색종이를 1cm씩 어긋나게 겹친 뒤 중간 부분에 끈을 날개매듭으로 묶는다. 일단 끈을 빼고 접은 색종이를 펼쳐서 #22 와이어를 지정 위치에 통과시킨다.

2 소나무 가지를 77cm 정도로 자른 위에 수양버들을 1회 묶어서 얹고, 남천 열매를 #26 와이어로 묶어서 피크에 꽂은 수선화와 고무줄로 고정하여 1의 포장종이와 밸런스를 맞춘다.

3

날개매듭

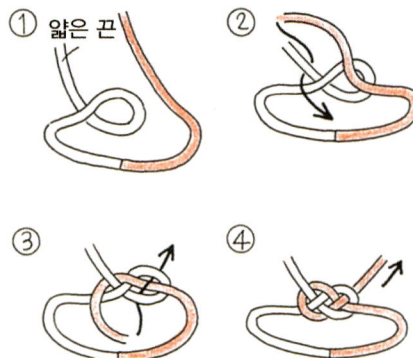

① 얇은 끈
②
③
④
6cm

포장 종이 접는 방법

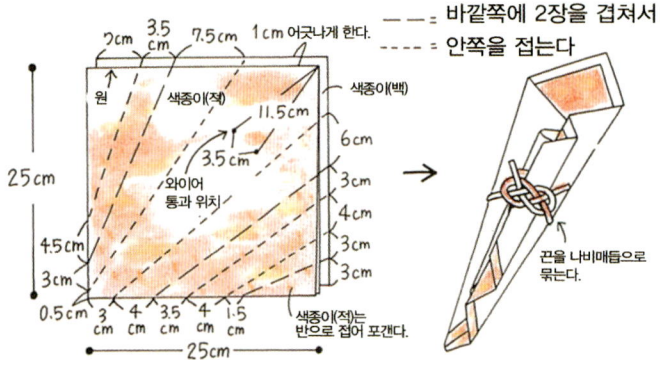

- - - - 바깥쪽에 2장을 겹쳐서
- · - · 안쪽을 접는다

2cm 3.5cm 7.5cm 1cm 어긋나게 한다.
원
색종이(적)
색종이(백)
11.5cm
3.5cm
와이어 통과 위치
6cm
25cm
3cm
4cm
4.5cm
3cm
3cm
3cm
0.5cm 3cm 4cm 3.5cm 4cm 1.5cm
색종이(적)는 반으로 접어 포갠다.
25cm

끈을 나비매듭으로 묶는다.

3 밸런스가 맞으면 1에서 통과시킨 와이어의 원에, 묶은 가지의 아래쪽부터 통과시키고 와이어를 뒤에서 꼬아 고정한다. 그리고 다시 종이를 접어서, 1에서 묶은 끈의 원을 통과시켜 날개매듭을 정돈한다.
※ 끈은 진한 색이 오른쪽(금은의 경우 금이 오른쪽)이다.

48

갈란드
굴거리 나무 갈란드로 맞이하는 신년

화재 · 부속품
① 핑크 계열 금색 염색 끈(길이 90cm) 8줄
② 리스 와이어 (내추럴 #22) 1m
③ 솔방울(대 · 소) 8개
④ 굴거리나뭇잎 16장
⑤ 술 장식 · 술 1개
　　와이어가 삽입된 리본(폭 65mm×길이23cm)
⑥ 와이어가 삽입된 체크코드
　　(폭 15mm ×길이 21cm)
⑦ 리본장식
　　와이어가 삽입된 리본(폭 65mm×길이 60cm)
⑧ 접착제

완성 사이즈
길이 72cm
가로 28cm

어레인지먼트

1 리스 와이어 1m를 반으로 접고 6cm되는 곳에서 꼬아서 손잡이를 만들어,
　커다란 굴거리 나뭇잎 2장을 8cm 정도 포갠 중앙에 꽂는다.
2 굴거리 나뭇잎에 꽂은 와이어를 뒤쪽에서 벌린다.
3 솔방울을 큰 것부터 차례대로 와이어 사이에 1개씩 끼운다.
4 솔방울을 끼운 와이어를 한 번 꼬아서 고정한다.

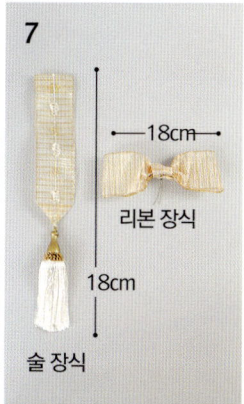

5 굴거리나뭇잎은 사진처럼 아래로 갈수록 폭을 좁게 하면서 1~4를 반복한다.
6 8회 반복하여 역삼각형을 만든다.
7 술 장식을 만든다. 술 장식의 위쪽은 와이어가 든 리본을 뒤쪽으로 2cm 접고, 아래쪽은 뒤쪽에 양 모서리를 중앙에서 삼각형으로
　술을 접착제로 붙인다. 다시 앞으로 돌려 체크코드를 중앙에 접착제로 붙인다. 리본장식을 만든다.
　와이어가 삽입된 리본 50cm를 원으로 만들고, 중앙에서 4cm 포개어 당기고 10cm 길이의 리본을 감아 고정한다.
8 6의 위쪽에는 리본장식, 아래쪽에는 술 장식을 접착제로 붙인다.
9 염색끈을 묶어 위쪽의 리본장식에 걸어 장식한다.

49

라운드 –응용–

팬지와
코다타를 함께

화재 · 부속품

① 코다타 3줄기
② 팬지(보라색 2송이, 빨간색 3송이, 웨이브 1송이)
③ 헤데라베리 3송이

화기

구경 5.5cm
지름 12cm
높이 11cm

완성 사이즈

높이 16cm
가로 20cm
폭　 20cm

어레인지먼트

1 코다타를 화기 테두리에 앞쪽, 한가운데, 뒤쪽으로 잎이 납작하지 않게 꽂는다.

2 팬지(보라색 · 빨간색 · 웨이브)는 오른쪽에 1의 잎과 잎 사이에 밸런스를 맞춰 꽂는데, 1송이는 조금 길게 해서 움직임을 준다.

3 헤데라베리 3송이는 길이를 다르게 해서 앞쪽으로 길쭉하게 꽂는다.

154

프렌치샤포
흰동백의
맑고 투명한 기품

화재 · 부속품
① 동백(백옥춘) 1송이
② 게이락스 잎 1장
③ 죽탄(길이 5.5cm 폭 약 5cm) 10매
④ 로프 32cm
⑤ 피크 1개

화기
구경 30cm
높이 5cm

완성 사이즈
높이 12cm
가로 30cm
폭 30cm

죽탄을 묶는 방법

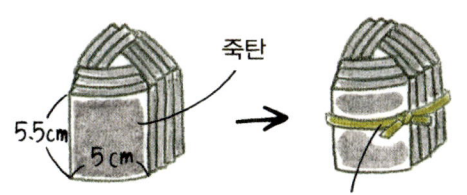

5.5cm
5cm
10매를 3·3·4씩 모아
삼각형으로 만든다.

로프로 한데 묶는다.

어레인지먼트

죽탄을 삼각형으로 묶는다. 화기에 흠집 생기지 않도록 게이락스를 깔고 죽탄을 그 위에 놓는다. 동백은 15cm 정도로 잘라
물을 담은 피크에 넣는다. 묶어놓은 죽탄의 빈틈에 동백 피크를 꽂고 왼쪽 앞으로 기울여 꽃의 표정을 만든다

51

초봄을 기다리는 납월

화재 · 부속품	화기(도기)	완성 사이즈
① 납매 1줄기	높이 5cm	높이 47cm
② 수선화(핑크챰) 3송이	가로 22cm	가로 80cm
③ 만년석송 10줄기	폭 16cm	폭 25cm
④ 침봉(지름 7cm)		

어레인지먼트

1 침봉은 도기의 중앙에서 약간 오른쪽 앞에 세팅한다. 납매는 60cm 정도로 자르고, 침봉에 비스듬하게 꽂는다.

2 수선화는 납매의 뒤쪽과 앞쪽에 짧게 2줄기 넣고, 나머지는 왼쪽으로 꽂아 기울여서 앞에 꽂은 것보다 약간 길게 서로 마주보는 부등변삼각형을 만든다. 잎도 2장씩 길이를 다르게 하여 꽃의 옆에 넣는다.

3 겨울에 수면이 많이 보이면 춥게 느껴지므로 뿌리 쪽을 만년석송으로 덮는다.

※ 매화가 아닌데 왜 매화라고 할까?

납매蠟梅라는 이름은 납세공 같은 꽃을 피우기 때문이다. 또는 납월(음력 12월의 다른 명칭)에 매화와 비슷한 꽃을 피운다고 하여 붙여졌다.

52

프리
살며시 다가와
문을 두드리는 봄

화재 · 부속품
① 산벚나무 6줄기
② 운용버들(싹이 튼 것) 5줄기
③ 아스파라거스(플루모서스) 2줄기
④ 침봉(지름 13cm)

화기
구경 20cm
높이 14cm

완성 사이즈
높이 125cm
가로 60cm
폭 60cm

어레인지먼트

1 가지가 굵고 곧게 뻗은 123cm 정도의 벚나무를 침봉 중앙에 꽂고 양 사이드에 높이를 다르게 하여 2줄기를 더 꽂는다.

2 1의 중앙부에 벚나무 꽃이 아름답게 보이도록 주변 벚나무는 높낮이에 차이를 주어 넣는다.

3 새싹이 움트기 시작한 운용버들을 지름 20~25cm 정도로 둥글게 구부려 화기의 왼쪽에 꽂고, 오른쪽 앞에 벚꽃을 꽂는다.

4 연한 초록색 아스파라거스를 벚나무 가지의 아래쪽에 부드럽게 살짝 꽂는다.

53

천엽벚나무를
촘촘하고 모던하게

화재 · 부속품
① 홍죽(블랙타이) 1장
② 천엽벚나무 5줄기
플로럴 폼

화기
높이 11cm
가로 10cm
폭   6cm

완성 사이즈
높이 75cm
가로 55cm
폭   6cm

어레인지먼트

1 화기에 플로럴 폼을 세팅한다.

2 주축인 천엽벚나무는 65cm 정도로 잘라 왼쪽 안쪽으로 살짝 왼쪽에 기울인다. 오른쪽에도 45° 정도 눕혀서 꽂고, 2줄기의 끝을 연결한 선에서 벗어나지 않도록 살짝 앞뒤로 흔들면서 방사선형으로 꽂는다.

3 남은 천엽벚나무를 밸런스에 맞춰 꽂는다.

4 홍죽(블랙타이) 모양을 가다듬으면서 천엽벚나무의 발밑을 감싸듯이 감아 마무리한다.

55

캐스케이드

내츄럴하게 묶는
캐스케이드 부케

화재 · 부속품

① 페더 오간디 리본(폭 40mm × 길이 270cm)
② 플로럴 테이프
③ 라피아
④ 천일홍(소프트핑크) 5줄기
⑤ 칼라 5송이
⑥ 네리네(핑크) 5줄기
⑦ 이오노시디움 15줄기
⑧ 리시안서스(마세리 핑크) 5줄기
⑨ 델피니움(흰색 벨라돈나) 5줄기
⑩ 디디스쿠스(핑크) 4줄기
⑪ 스위트피 3줄기
⑫ 이탈리안 루스커스 5줄기

완성 사이즈

길이　65cm
가로　40cm
폭　　80cm

어레인지먼트

플로럴 테이프

1 줄기 보강−줄기가 잘 휘는 스위트피는 튼튼한 이탈리안 루스커스와 함께 플로럴 테이프로 2곳을 고정한다. 이렇게 보강한 스위트피를 3개 만든다.

2 라운드를 만든다. 델피니움 5줄기를 스파이럴로 조합한다.

3 아래쪽에 짧게 자른 이탈리안 루스커스를 3송이 정도 추가한다.
※ 안쪽을 채우는 데 잎을 사용하면 볼륨이 생겨 봉긋하게 완성된다.

4 리시안서스를 스파이럴로 조합한다.

5 이오노시디움 3줄기는 섬세한 꽃이므로 사진처럼 다소 길게 잡는다.

6 네리네 5줄기, 칼라 3송이, 핑크 디디스쿠스, 천일홍을 라운드 형으로 잡고, 아래쪽으로 내려오는 꽃은 길게 뺀다. 줄기를 플로럴 테이프로 감는다.

7 라운드를 세우고 내려오는 부분을 만든다. 6의 아래쪽에는 컬러감이 느껴지도록 사진처럼 보강한 1의 스위트피의 길이를 다르게 하여 3묶음을 넣는다.

8 양 사이드에 나머지 칼라 2송이를 넣는다.

9 다시 이오노시디움을 추가하여 캐스케이드 형으로 다발을 만든다.

10 스파이럴을 무너뜨리지 않도록 줄기를 라피아로 단단히 묶고, 삐져나온 줄기는 가지런히 잘라낸다.

11 부케는 사용 직전까지 물에 담가둔다.

12 줄기의 라피아가 보이지 않도록 오간디 리본을 몇 회 감아서 나비매듭으로 장식하여 마무리한다.

※ 신부가 들 때
물에 젖어도 변형되지 않는 리본을 사용하면 리본을 묶은 채 물에 담아 놓았다가 들기 직전에 타월로 물기를 닦으면 되므로 싱싱하다. 이때는 물이 잘 떨어지지 않는 꽃을 선택하는 것이 무난하다.

캐스케이드 꽃다발 밴딩 방법

먼저 라운드 부분을 만들고, 다발을 잡아 아래로 늘어지는 부분을 만들어서 세로 라인을 구성한다. 그 후에 왼쪽, 오른쪽, 위쪽으로 꽃을 추가하다 보면 초보자도 쉽게 만들 수 있다.

56

샤워
화려한
샤워 부케

화재 · 부속품
① 부케홀더
② 와이어가 삽입된 리본
　(폭 4cm×길이 150cm) 5루프 보우
③ 부케홀더커버
④ 라눙쿨루스(크림색) 6송이
⑤ 스카비오사(흰색) 9송이
⑥ 아스파라거스(메이리) 5줄기
⑦ 리시안서스(1겹·흰색) 2송이
⑧ 델피니움(시넨시스·사쿠라) 9줄기
⑨ 장미(실루엣) 10송이
⑩ 온시듐(하니드롭스) 7줄기
⑪ 아이비 잎 8매
⑫ U핀(#24 그린와이어) 8개

완성 사이즈
길이 75cm
가로 70cm
폭 　50cm

어레인지먼트

1 　아스파라거스로 부케홀더의 플로럴 폼 부분의 7할 정도를 메우면서 대칭으로 꽂는다.

2 　온시듐을 탑, 양 사이드와 아래쪽, 앞쪽에 꽂아 전체의 크기와 형태를 결정한다.

3 　델피니움은 길이에 따라 온시듐 사이에 방사선형으로 꽂아 넣고, 장미 10송이도 조금 길게 방사선으로 꽂는다.

4 　라눙쿨루스 6송이는 세로와 옆 라인에 평행하지 않도록 배치하고, 또 길이에도 변화를 주어 삽입한다.

5 　리시안서스, 스카비오사를 다소 길게 꽂아 부케의 앞쪽이 완성된 모습이다.

6 　부케홀더의 뒤쪽에는 아이비 잎 8장을 1장씩 겹쳐서 U핀으로 고정하면서 한 바퀴 쭉 붙여서 커버한다.

7 　부케홀더커버를 감아 손잡이를 커버한다.

8 　5루프 보우(141p 참조)를 부케의 뒤쪽 중앙의 끝부분에 #24 와이어로 장식한다.

57

캐스케이드
캐스케이드 부케

화재 · 부속품
① #24 그린와이어
② 부케홀더
③ 와이어가 삽입된 오간디 샴푸 리본
　(폭6.5cm×길이100cm)으로 만든 폭
　20cm의 나비매듭 리본
④ U핀(#24 그린와이어)
⑤ 부케홀더커버
⑥ 장미 19송이
⑦ 백합(노블) 16송이
⑧ 스위트피 3줄기
⑨ 아이비(라이트그린) 8줄기

완성 사이즈
길이 70cm
가로 25cm
폭　 25cm

어레인지먼트

1 아래로 길게 늘어뜨린 스위트피 가지는 와이어로 보강하여 가지의 갈라진 부분에 반으로 접은 와이어를 건 후 꼬아서 고정한다.

2 부케홀더에 가지를 꽂고 와이어로 홀더의 플라스틱 부분을 감아 빠지지 않도록 단단히 고정한다.

3 장미를 탑과 앞쪽 중앙에 꽂고, 백합은 좌우와 뒤로 아웃라인이 고르도록 꽂아서 전체 원의 크기를 정한다. 아래쪽으로 내려오는 부분에 장미 2송이와 아이비를 꽂는다.

4 아웃라인 사이가 둥글게 되도록 밸런스에 맞춰 남은 장미와 백합을 꽂는다.

5 비어 있는 부분은 스위트피로 메우고, 아이비는 조금 길게 꽂아 움직임을 연출하여 앞부분을 완성한다.

6 부케홀더의 안쪽 부분은 아이비를 빙 둘러 감고 U핀으로 2~3곳 정도 고정한다.

7 손잡이에 부케홀더커버를 감고, 뒤쪽 중앙에 폭 20cm의 나비매듭 리본을 U핀으로 고정하여 완성한다.

캐스케이드 부케의 패턴

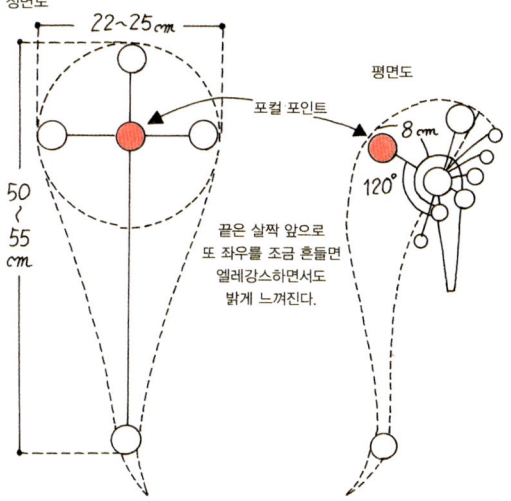

정면도
22~25cm
포컬 포인트
평면도
8cm
120°
50~55cm
끝은 살짝 앞으로
또 좌우를 조금 흔들면
엘레강스하면서도
밝게 느껴진다.

캐스케이드
캐스케이드 부토니아

화재 · 부속품
① 플로럴 테이프
② 와이어가 삽입된 오간디샴푸리본 (폭3.5cm×길이90cm)
/나비매듭 (폭11cm×길이50cm)/ 손잡이용 리본(40cm)
③ 스위트피 꽃 2송이/ U핀+트위스팅 메소드/ #26 와이어
④ 백합(노블) 1송이/ 크로스 메소드/ #24 와이어
⑤ 장미 1송이/ 크로스 메소드/ #24 와이어
⑥ 아이비(라이트그린) 3줄기/ 헤어핀 메소드/ #24 와이어
※ 화재는 모두 와이어링을 해둔다.

완성 사이즈
길이 28cm
가로 16cm

어레인지먼트

1 아이비 2줄기의 앞쪽에 장미, 백합, 스위트피를 배치하고, 그 앞에 아이비를 넣어 꽃 부분이 부등변삼각형이 되도록 한 뒤, 화두의 아래쪽을 #24 와이어로 고정한다.

2 줄기를 플로럴 테이프로 감는다(위로 감는다).

3 40cm 리본의 끝을 2~3cm 접어서 아래쪽을 끼우고, 반대쪽 리본 끝을 90°로 접어서 감아올린 뒤, 마지막 원을 통과해 세게 당겨 마무리(166p 참조)한다.

4 폭 11cm의 나비매듭 리본을 #24 와이어로 고정하여 마무리한다.

59

청초하고 스타일리시한 부케

화재 · 부속품
① 칼라(크리스털 브러시) 38송이
② 아이비(약 1m) 3줄기
③ 라피아(갈색 · 베이지색) 각 2줄
④ 와이어가 삽입된 리본
　(폭 4cm×길이125cm)
⑤ #26 그린와이어
⑥ 와이어

완성 사이즈
지름 20cm
길이 30cm

어레인지먼트

1 칼라는 꽃의 방향을 살피면서 38송이를 라운드형으로 잡는다.

2 줄기는 패러렐로 잡고, 꽃의 4cm 정도 아래를 라피아(베이지색)로 정리한다.

3 아이비 3줄기의 끝부분을 와이어로 묶는다.

4 와이어로 감은 아이비는 칼라를 라피아로 묶은 다발에 잎의 겉부분이 보이도록 감고, 칼라 두 곳을 와이어로 묶어 고정한다.

5 칼라 줄기를 나란히 정리하고, 아래쪽을 라피아(갈색)로 묶어 물에 담가두면 줄기가 곧아진다.

뒤쪽
꼬리

6 아이비의 아래쪽에 리본의 중앙을 두 바퀴 감은 후 뒤쪽 중앙에서 나비매듭으로 묶고, 꼬리 부분은 앞쪽으로 감으면 뒤쪽 중앙은 나비넥타이처럼 된다.

앞쪽

7 앞쪽의 꼬리 부분으로 다시 나비매듭을 묶으면 앞쪽이 완성된다.

라운드
청초하고 스타일리시한
부토니아

화재 · 부속품
① 와이어가 삽입된 리본(폭 3.3cm × 길이 35cm)
② ①과 같은 리본 중앙에 골드리본(폭 1cm)을
   양면테이프로 붙인 것
③ 플로럴 테이프
④ 양면테이프
⑤ 티슈
⑥ 아이비 1줄기
⑦ 칼라(크리스털 브러시) 1송이

완성 사이즈
길이 21cm
가로   7cm

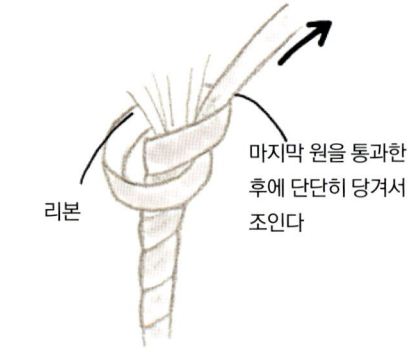

어레인지먼트

1 칼라(21cm) 1송이의 줄기 끝에
티슈를 감아 수분을 유지시키고,
아이비 2줄기와 함께 쥔다.

2 1을 플로럴 테이프로 감는다.

손잡이 리본의 마감처리

리본

마지막 원을 통과한
후에 단단히 당겨서
조인다

3 35cm 리본 끝을 2~3cm 접어
아래쪽을 끼우고, 반대쪽 리본을
90˚로 접어 위로 감는다.

4 손잡이의 리본은 마지막 원
을 통과해 단단히 당겨 마감처
리한다.

5 골드리본을 붙인 리본을 4의 마감 부분 위에 나비매듭으로 묶
는다.

61

라운드
천사의 날개를 이미지화한 라운드 부케

화재 · 부속품

① 부케홀더
② 로프가 들어간 리본 (폭 36mm×길이 200cm)
③ 깃털 비즈 8개
④ 페더 퐁퐁 15개
⑤ 퐁퐁(소) 7개(페더 퐁퐁 2개를 7개로 나눈 것)
⑥ 헬리크리섬(그린) 10송이
⑦ 라이스플라워 15송이
⑧ 장미(스프레이 위트) 38송이
⑨ 장미(핑크티) 18송이
⑩ 부케홀더커버

완성 사이즈

지름 20cm
높이 17cm

어레인지먼트

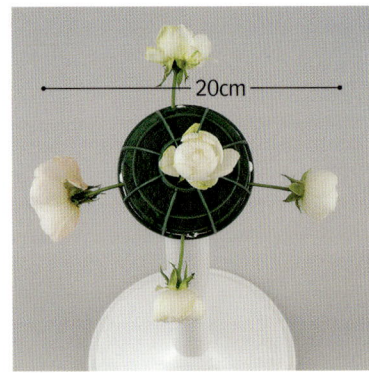

1 장미는 핑크티와 스프레이 위트를 섞어서 사용한다. 장미를 부케홀더의 센터 탑에 1송이, 사이드에 4송이를 꽂아 대략적인 크기를 정한다.

2 장미 13송이로 사이드 사이를 메워 원형으로 만든다. 이때 꽃은 아래쪽을 향하게 꽂아 반원보다 깊게 한다.

※ 180°보다 깊고 입체적으로 만들면 손잡이(신부)의 각도가 달라도 어디서 보든 아름다운 부케가 된다.

3 센터 탑과 사이드 사이가 매끄러운 구체가 되도록 아웃라인을 열십자로 꽂는다.

4 남은 장미로 사이를 메워 둥근 부케를 만든다.

5 그린 컬러의 헬리크리섬을 밸런스에 맞춰 장미 사이에 꽂는다.

6 비어 있는 5부분을 라이스플라워로 메우듯이 꽂는다.

7 깃털 비즈 8개를 아래쪽 둘레에 길게 꽂는다.

8 다시 아래쪽 둘레의 빈 부분을 페더 퐁퐁으로 메워 깃털 원을 만든다.

9 조금 짧은 퐁퐁(소) 7개는 부케의 꽃 사이에 꽂는다.

10 손잡이에 홀더커버를 씌운다.

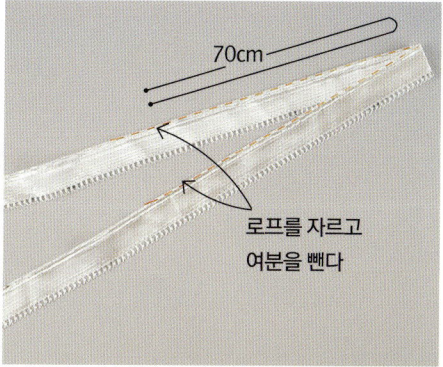

70cm

로프를 자르고
여분을 뺀다

11 한쪽에 로프가 삽입된 리본 2m를 반으로 접는다. 중앙의 70cm을 남기고 로프를 잘라 좌우의 로프를 뺀다.

12 중앙 부분의 로프를 당겨 부케의 앞쪽에 사용할 프릴을 만든다.

13 프릴 부분으로 부케의 아랫부분을 앞쪽에서 덮고, 당긴 로프를 뒤쪽에서 홀더에 감은 뒤 여분은 자른다.

뒤쪽에서
나비매듭

14 로프를 뺀 리본 부분은 뒤쪽에서 나비매듭으로 마무리한다.

62

프리
사랑스러운 은방울꽃 부케

화재 · 부속품
① #24 와이어
② 진주 장식줄(흰색) 10줄 (길이 50cm)
③ 라메가 들어간 오간디 리본
　　(폭 16mm×길이 220cm)
④ 플로럴 테이프
⑤ 은방울꽃 40줄기
⑥ 은방울꽃 잎 18매

완성 사이즈
지름 25cm 높이 18cm

어레인지먼트

1 은방울꽃 15줄기는 패러렐(172~173p참조)로 잡고 5장의 잎으로 감싼다.

※ 은방울꽃 잎을 지나치게 많이 사용하면 인상이 강해진다.

2 줄기를 플로럴 테이프로 감는다.

3 남은 은방울 꽃 25줄기는 둘레에 밸런스를 맞춰 조합한다.

4 은방울꽃 잎으로 둘레를 방사선형으로 커버하여 부케 형태를 만든다.

5 줄기를 플로럴 테이프로 감고, 그 위를 와이어로 고정한다.

6 줄기를 짧은 은방울꽃 잎 4장으로 감싼다.

7 감싼 은방울꽃 잎은 플로럴 테이프로 감고, 사진처럼 밑부분을 가지런히 자른다.

8 가지런히 자른 잎 자락을 밸런스에 맞춰 펼쳐서 부케를 세운 것처럼 모양을 만든다.

9 오간디 리본을 5의 플로럴 테이프 위에 감아서 나비매듭으로 묶고, 리본 끝은 길게 남긴다.

10 9에서 남은 리본자락을 꽃에 걸어 자연스럽게 흐르는 느낌을 준다. 진주 장식줄의 양끝을 꽂아 호를 그리는 장식으로 만든다.

꽃다발의 스케일

황금비율

← 1.618 →

1

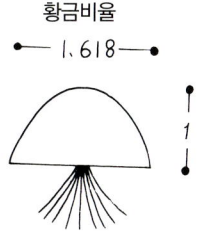

스파이럴 밴딩 방법

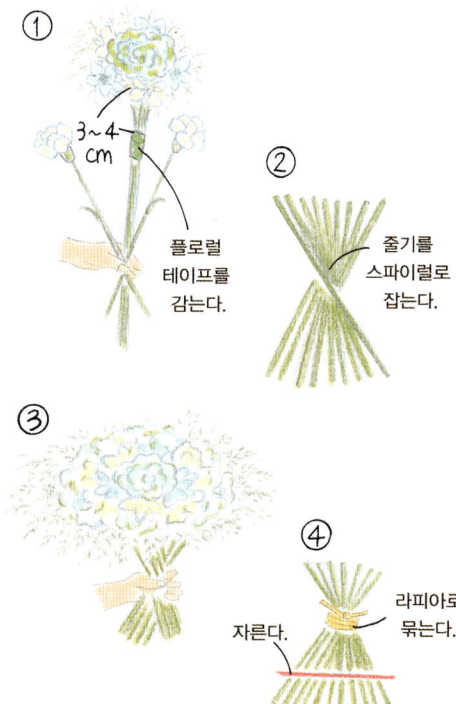

① 3~4cm 플로럴 테이프를 감는다.

② 줄기를 스파이럴로 잡는다.

③

④ 자른다. 라피아로 묶는다.

63 64

라운드
세퍼레이트 타입의 라운드 부케

화재 · 부속품
① 새틴리본(아이보리)
　폭 19mm × 길이 2m 40cm × 2개
② 새틴리본(그린)
　폭19mm × 길이 240cm × 3개
　폭19mm × 길이 260cm (정리용) × 1개
③ 플로럴 테이프
④ 무스카리 10줄기
⑤ 튤립(스프링 그린) 10송이
⑥ 튤립(화이트 · 아이보리) 10송이
⑦ 장미(파우더 스노우) 10송이

완성 사이즈
지름 18cm 높이 30cm
(꽃의 높이 18cm 줄기의 길이 12cm)
리본의 길이 50~60cm

어레인지먼트

1 장미 2송이, 튤립(화이트) 2송이, 튤립(스프링그린) 2송이, 무스카리 2줄기를 다발로 배치한다.

2 화두에서 4~5cm 아래쪽 잎은 모두 떼어내고, 줄기끼리 패러렐(평행)로 묶음을 만들어 플로럴 테이프로 위에서 아래로 감는다.

3 줄기 아래쪽은 1~2cm 정도 남겨두고 감는다.
※ 줄기를 1~2cm 정도 남겨야 다시 물올림을 할 경우 자르기 쉽기 때문이다.

4 리본 끝을 8cm 남기고 화두 밑에서부터 줄기 뒤쪽으로 아래로 감아내린다. 계속해서 리본을 줄기 밑에서 90°로 꺾어서 위로 감는다.

5 줄기의 뒤쪽에 남은 리본과, 감아 올라온 리본으로 나비매듭을 묶는다.

6 똑같은 꽃다발을 5개 만든다, 이때 리본은 아이보리와 그린의 2색을 사용한다.

7 5개의 꽃다발을 하나의 꽃다발로 합쳐, 꽃 부분이 둥글게 되도록 모양을 가다듬는다.

8 4,5와 같은 요령으로 줄기에 감는 용도의 리본을 감아서 다발로 만든다.

9 세퍼레이트 타입 부케가 완성된 모습이다.

라운드 부토니아

화재 · 부속품

① 새틴리본(그린) (폭 19mm × 길이 1m)
② 플로럴 테이프
③ 무스카리 1줄기
④ 튤립(화이트 · 아이보리) 2송이
⑤ 튤립(스프링그린) 1송이
⑥ 장미(파우더 스노우) 2송이

완성 사이즈

길이 26cm
가로 9cm

패러렐 밴딩

1 장미 2송이, 튤립(화이트 · 아이보리) 2송이, 튤립(스프링그린) 1송이, 무스카리 1줄기는 길이를 조금씩 다르게 하여, 밸런스를 살피면서 다발로 묶는 부분의 잎은 제거하고 줄기는 패러렐로 잡는다.

2 장미의 화두에서 2~3cm 아랫부분을 플로럴 테이프로 감다가 밑은 1~2cm 정도 남겨둔다.

3 부케의 4 · 5와 같은 방법으로 줄기에 리본을 감아 마무리한다.

원포인트 어드바이스

리본을 달아 완성 상태로 물에 담가 보존하고싶다면….

이번에 사용한 폴리에스테르계 리본이라면 모양이 흐트러지지 않게 수건으로 물기를 닦아낼 수 있다.

※ 부케를 던질 때에는 꽃다발을 묶었던 리본을 풀면 행운이 5명에게 간다는 멋진 연출이 가능하다.

라운드
큐트&로맨틱한
라운드 부케

화재 · 부속품
① #24 · #26 그린와이어
② 부케홀더
③ 와이어가 삽입된 리본 (폭 4cm×길이 500cm)
　/이중나비매듭(141p 삼중나비매듭 참조) 225cm
　/원루프보우 165cm(15cm×11개)
　/프릴 리본(한쪽의 와이어를 떼어 만든다) 50cm
④ 구슬 (나뭇잎) 8개
⑤ 수국 1줄기
⑥ 램즈이어 13매
⑦ 스프레이장미(몽셰리) 6송이
⑧ 다이아몬드릴리 16송이

완성 사이즈
높이 12cm
지름 20cm

어레인지먼트

1 와이어를 감은 램즈이어 13매를 부케홀더 둘레에 고르게 꽂는다.

2 1의 램즈이어 위로 부케구슬 8개를 부케홀더의 테두리에 1개씩 꽂는다.

3 와이어를 감은 다이아몬드릴리는 평평하게 포갠 꽃을 겹치듯이 밀집된 원을 그리며 꽂는다.

4 수국은 작은 꽃으로 나누어 다이아몬드릴리의 줄기를 덮듯이 꽂는다.

5 장미는 플로럴 폼의 안쪽에 꽉차게 꽂는다.

6 부케홀더의 아래쪽은 플로럴 폼 부분에 원루프 보우 11개를 균등하게 꽂아 마무리한다.

7 부케홀더 손잡이에 60cm 리본을 감는다. 리본 끝을 2~3cm 접어서 밑둥을 끼우고, 반대쪽 리본을 90°로 접어서 감아올린다. 리본 끝부분(166p 참조)은 마지막 원을 통과시킨 후에 당긴다.

8 손잡이의 플라스틱 부분에는 프릴리본을 고정하고, 뒤쪽에 이중나비매듭 리본을 달아 마무리한다.

9 완성된 모습

램즈이어에 와이어 감는 방법

잎을 반으로 접어서 맞댄 끝 부분에 #24 와이어를 넣어 반으로 접고 #24 와이어와 다른 쪽 와이어로 줄기를 빙글빙글 내려가며 감는다.

다이아몬드릴리에 와이어 감는 방법

꽃 부분을 잘라 꽃이 평평해지도록 나란히 눕혀 놓고 #24 와이어를 감아 고정한다.

링

장미
링 부케

화재 · 부속품

① #24 와이어(U핀용) 2개
② 손잡이 달린 링 홀더(지름 20cm)
③ 양면테이프
④ 와이어가 삽입된 오간디 리본
　(폭 65mm×길이 106cm)
⑤ 유칼립투스 열매 9송이
⑥ 홍죽 7장
⑦ 스카비오사 9송이
⑧ 장미(블랙뷰티) 10송이
　/ 크로스 메소드/ #24 와이어
⑨ 장미(마담 비오레) 5송이
　/크로스 메소드/ #24 와이어
⑩ 장미(줄리아) 10송이
　/피어스 메소드/ #22 와이어
⑪ 장미(테디베어) 19송이
　/ 피어스 메소드/ #22 와이어

완성 사이즈

지름 27cm
두께 11cm

링 홀더를 커버하는 방법

웨딩에 사용하는 경우에는 플라스틱 부분을 그대로 사용하지 않고 리본으로 커버하는 것이 예의이다.

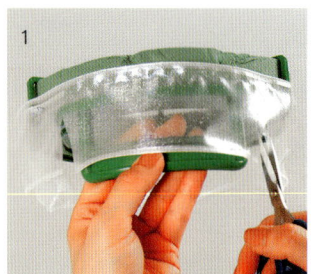

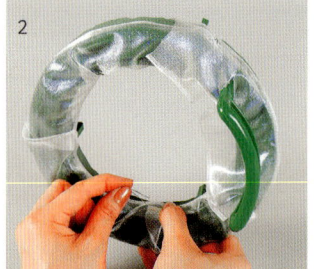

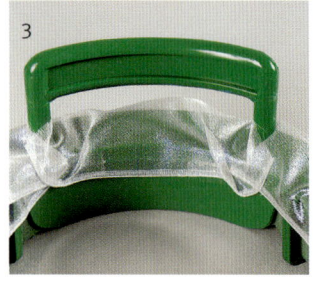

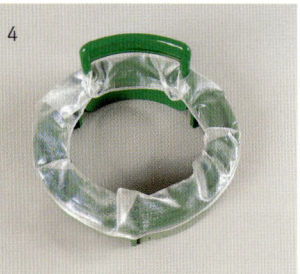

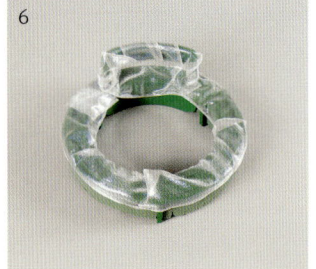

1 링 홀더의 플라스틱 부분에 70cm 리본을 감고 손잡이의 좌우 2곳에 칼집을 넣는다.

2 리본을 안쪽으로 접어서 플라스틱 부분을 감싸고, 플로럴폼 부분에 U핀으로 고정한다.

3 손잡이 아래쪽은 플라스틱이므로 양면테이프로 붙인다.

4 리본을 안쪽으로 접어서 마무리한 모습이다.

5 손잡이 부분에는 36cm 리본을 2~3회 감는다. 양끝은 양면테이프로 붙인다.

6 링 홀더(뒤쪽 커버)가 완성된 모습이다.

원포인트 어드바이스

U핀 만드는 방법

3cm

#26 와이어를 반으로 접어 U모양으로 만든다.

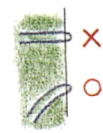

U핀 꽂는 방법

U핀은 똑바로 꽂지 않고 살짝 커브를 틀어 꽂으면 잘 빠지지 않아 고정 할 수 있다.

어레인지먼트

1 링 홀더의 표면(플로럴 폼 부분)이다.

2 홍죽을 원추형으로 빙 둘러싸고 홀더의 바깥쪽 7곳에 U핀으로 고정한다.

3 커다란 장미(블랙뷰티) 4송이를 정면에, 살짝 바깥쪽을 향해 꽂는다.

4 남은 장미(블랙뷰티) 6송이는 짧게 꽂는다.

5 장미(줄리아)로 포인트를 주어 장미 링을 만든다.

6 계속해서 아름다운 링 모양이 되도록 장미(마담 비오레)를 꽂는다.

7 회백색 유칼립투스 열매로 억제된 포인트를 추가한다.

8 비어 있는 부분에 작은 장미(테디 베어)를 꽂아 마무리한다.

67

링
장미
부토니아

화재 · 부속품
① 유칼립투스 열매1줄기/ U핀+트위스팅 메소드
   /#24 와이어
② 장미(테디베어) 3송이/ 피어스 메소드/ #24 와이어
③ 장미(블랙뷰티) 1송이/ 크로스 메소드/ #24 와이어
④ 장미(줄리아) 1송이/ 피어스 메소드/ #22 와이어
⑤ 장미(마담 비오레) 1송이/ 크로스 메소드/ #24 와이어
⑥ 와이어가 삽입된 오간디 리본(펄)
      (폭 36mm × 길이 50cm)

완성 사이즈
길이 17cm 가로 13cm

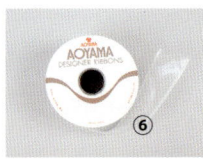

어레인지먼트

1 각각 와이어링한 화재는 2를 참조하여 조금
씩 높이를 다르게 하여 밸런스를 맞추어 다발로
묶고, 와이어 끝은 줄기 사이에 넣어 마무리한다.

2 20cm 리본 끝으로 줄기 끝을 감싸듯이
2cm 정도 접는다.

3 뒤쪽의 긴 리본은 오른쪽 옆으로 90°로 꺾
어, 2cm의 접은 부분을 감싼 후 위로 감는다.

4 리본의 끝부분을 마지막에 감았던 원에 넣어 위로 당기
고 여분은 잘라낸다.

5 30cm 리본으로 9cm 폭의 나비매듭으로 묶은 뒤, 앞쪽
에 달아 마무리한다.

와이어링 방법

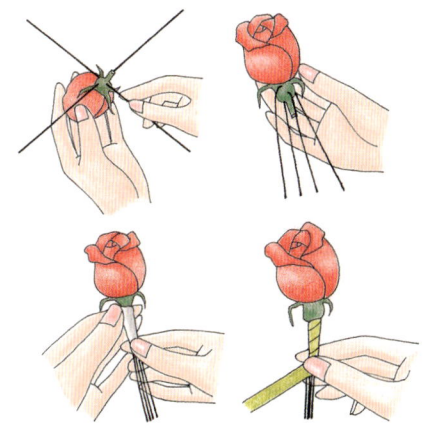

■ 크로스 메소드 (장미)

꽃송이가 크고 줄기가 굵은 장미 등은 크로스 메소드로 와이어링 한다.

1 꽃의 줄기를 1.5cm 남기고 잘라낸다. 화두에 가까운 줄기 부분에 와이어를 옆으로 가로질러 꽂고, 다시 0.5cm 위에서 크로스 방향으로 하나를 더 통과시킨다.

2 4개의 와이어를 줄기 방향으로 구부린다.

3 줄기 부분을 티슈를 감고 물로 적신다.(※프리저브드플라워의 경우에는 티슈가 필요 없다.)

4 플로럴 테이프로 줄기의 단면에서 화두까지 짧은 구간을 위쪽으로 감으면, 감기도 쉽고 꽃이 안정된다. 그 후 플로럴 테이프의 방향을 바꿔서 아래로 감는다.

■ 피어스 메소드 (장미)

비교적 줄기가 단단하며 꽃은 그리 무겁지 않을때 사용한다(예: 미니장미, 스프레이장미 등).

1 장미 줄기를 1.5cm 정도 남기고 잘라낸다.

2 꽃받침 부분에 와이어를 옆으로 가로질러 꽂는다.

3 와이어의 양끝을 아래로 구부려 줄기에 댄다.

4 와이어 위로 줄기에 티슈를 감고 물로 적셔서 유칼립투스 열매의 4·5와 같은 방법으로 플로럴 테이프를 감는다.

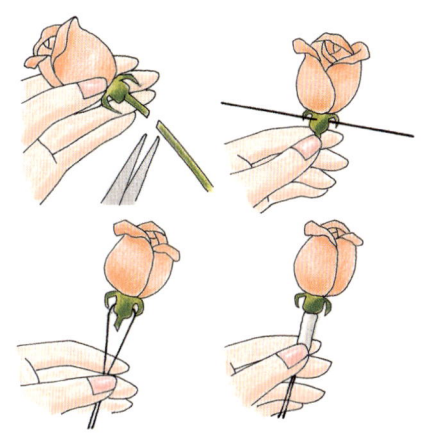

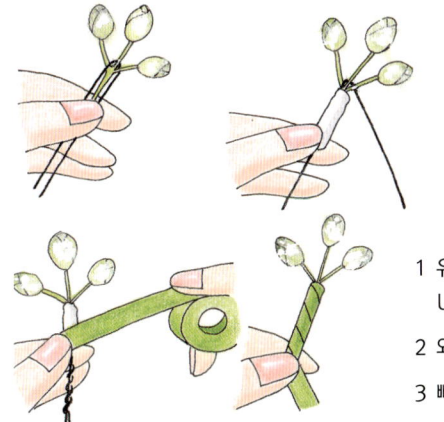

■ U핀+트위스팅 메소드 (유칼립투스 열매)

줄기가 가늘거나 줄기에 와이어를 꽂으면 부러지는 등 작은 꽃이 많이 달려 있는 꽃은, 작은 꽃들 사이에 와이어를 감아 트위스트한다(예: 옥시페탈럼, 스프레이장미, 유칼립투스 열매 등).

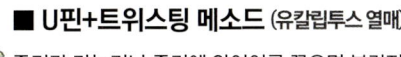

1 유칼립투스 열매의 줄기는 1.5cm 정도 남기고 잘라낸다. #24 와이어를 반으로 접어서 U핀으로 만들어 가지 사이에 끼운다.

2 와이어 1줄은 옆으로 빼고, 줄기와 다른 1줄의 와이어를 티슈로 감는다.

3 빼둔 와이어로 티슈 위를 꼰다.

4 티슈를 물에 적시고 티슈 끝에서 화두까지 플로럴 테이프를 당기면서 위로 감는다.

5 화두까지 다 감았으면 다시 아래로 감아 마무리한다.

68

라운드 -응용-
손수건을 이용한
사랑스러운 부케

화재·부속품

① 알스트로 메리아 7송이
② 장미(블랙뷰티) 3송이
③ 스카비오사 6송이
④ 팔손이 열매 3줄기
⑤ 유칼립투스 2줄기
⑥ 아이스크림 종이용기(구경 10cm×높이 10.5cm)에 모스그린의 래핑 페이퍼 (15cm×15cm)를 붙인다.
⑦ 65cm짜리 밧줄 3줄
⑧ 꽃 비즈 (지름 8mm)5개
⑨ 광목 손수건(사방 40cm)
⑩플로럴 폼 미니데코
수예용 본드

완성 사이즈

높이 25cm
가로 12cm
폭　16cm

어레인지먼트

1　가방을 만들어 뚜껑 안쪽에 와이어를 U 자형으로 통과시킨 후 손수건을 덮고, 손잡이 양쪽 아랫부분에서 앞뒤를 맞춰 비즈로 꿰매어 고정하고, 나머지 비즈는 손수건에 본드로 붙여 장식한다.

2　미니데코를 뚜껑의 와이어에 꿰어서 얹고, 와이어를 꼬아 움직이지 않도록 고정시킨다.

※ 손수건이 더러워지지 않도록 랩을 덮고 꽃을 꽂는다.

3　장미 3송이를 중앙과 오른쪽 앞, 왼쪽 안에 거의 화두까지 꽂는다.

4　팔손이 열매 3줄기는 장미 옆에 화두까지 꽂고, 유칼립투스는 잘라서 2줄기를 앞쪽의 장미보다 비스듬하게 오른쪽 앞으로 4~5cm 내밀어 넣고, 나머지는 각각의 사이에 꽂는다.

5　전체가 둥글게 되도록 스카비오사 4송이를 꽂고, 1송이는 비스듬하게 앞으로 나온 유칼립투스 옆에 꽂고, 다시 그 위에 봉오리 부분을 1송이 꽂는다. 길게 꽂은 스카비오사는 걸어갈 때 광목 손수건과 함께 사뿐사뿐 흔들린다.

6 알스트로메리아를 앞쪽 장미의 오른쪽 옆과 아래쪽에 2송이, 나머지는 왼쪽 앞에서 오른쪽 안으로 밸런스를 맞춰 넣는다.

※ 가느다란 줄기를 플로럴 폼에 꽂을 때에는 단면 근처를 잡고, 조금씩 반응을 느끼면서 꽂는다.

래핑 페이퍼 재단 방법

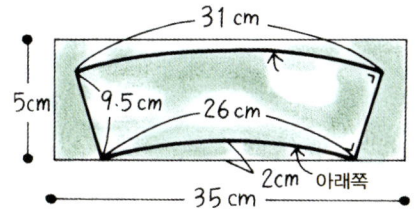

용기

손잡이(50cm)는 60cm 트위스트로프를 2줄씩 모아 땋은 끈

래핑 페이퍼를 본드로 붙인다

손잡이를 끼울 칼집을 1cm 넣는다.

칼집을 통해 안쪽으로 넣어 동그랗게 올매듭.

뚜껑

미니데코롤 중앙에 붙인다.

미니데코에 맞춰 와이어를 안쪽에서 U자 모양으로 4곳에 통과시켜둔다.

사이드에 와이어를 통과시킨 후 꼬아서 단단히 고정한다.

라운드
아마릴리스가 개성적인
라운드 부케

화재 · 부속품
① #24 와이어
② 키친페이퍼
③ 플로럴 테이프
④ 레자 리본 (폭 5mm×길이 3m)
⑤ 깃털(와이어를 감은 것) 10개
⑥ 보리 8줄기
⑦ 아마릴리스 5줄기
⑧ 폴리포디움 3매

완성 사이즈
지름 26cm
높이 40cm

어레인지먼트

1 비어 있는 아마릴리스의 줄기 속에 키친페이퍼로 감싼 보리줄기를 채워 넣어 짓눌리지 않게 보강한다.

2 아마릴리스 5줄기는 중앙의 꽃 1송이를 위로 향하게 하고, 나머지는 둥근 모양이 되도록 바깥쪽으로 향하게 하여 다발을 만든다.

3 다발로 만든 2의 줄기는 패러렐(평행)로 조합하여 플로럴 테이프로 화두 아래쪽을 감는다.

4 폴리포디움을 3의 다발 둘레에 감싸듯이 배치한다.

5 밴딩한 아랫부분을 플로럴 테이프로 감아서 고정한다.

6 5에서 밴딩한 부케를 위에서 본 모습.

7 아마릴리스 꽃 사이에 밸런스를 맞춰
와이어 깃털을 꽂는다.

8 플로럴 테이프 위를 레자 리본으로
4cm 폭으로 감고 나비매듭으로 마무리
한다.

9 완성된 부케를 위에서 본 모습.

깃털 와이어 장치

1 와이어 끝을 3cm 정도 접어서 U핀으
로 만든 뒤 깃털의 끝에 건다.

2 긴 쪽의 와이어로 짧은 쪽의 와이어와
깃털의 아랫부분을 감아서 고정한다.

3 플로럴 테이프로 깃털의 아랫부분을 와
이어를 감는다(아래로 감는다).

70

라운드
일본 스타일 부케

화재 · 부속품

① 기모노허리띠 폭 34×160cm
지심 폭 34×98cm
퀼트 심 폭 34×98cm
② 은박지 1장
③ 고무줄 5~6개
④ 양면테이프
⑤ 티슈
⑥ 클레마티스 8송이
⑦ 부로메리아 5줄기
⑧ 핑퐁국화(핑크) 5송이
⑨ 달리아(흑접) 3송이
⑩ 키르탄서스(오렌지색) 5송이
⑪ 죽대 9줄기
⑫ 라피아(그린) 3줄
⑬ 허리끈 1줄 (굵기 8mm)

완성 사이즈

높이 32cm
지름 26cm

어레인지먼트

1 달리아 3송이, 클레마티스 8송이, 핑퐁국화 5송이, 죽대 9줄기를 각각 스파이럴(170p 참조)로 꽃의 종류마다 밸런스에 맞춰 라운드로 다발을 만든다.

2 1을 위에서 본 모습이다. 달리아와 핑퐁국화는 둥근 블록 모양으로 정돈하고, 그 사이에 클레마티스와 죽대를 쿠션으로 배치한 라운드이다.

3 다발로 만든 사이에 포인트 컬러로 키르탄서스, 부로메리아를 삽입하듯이 넣는다.

4 라피아 3줄을 가지런히 모아 줄기를 묶고, 줄기 끝에 티슈를 감아 수분을 유지한다.

5 보수 부분을 은박지로 감싸고, 끝 부분은 셀로판테이프로 단단히 고정한다.

6 래핑천은 아래의 그림처럼 재단하고(여기서는 래핑천으로 기모노의 허리띠를 사용하고 있다), 기모노허리띠에 퀼트심(부드러운 감촉)과 지심(단단한 감촉)을 끼워넣은 뒤 비스듬하게 접어 부케를 폭이 넓은 쪽부터 감싸듯이 감는다.

7 부케 둘레를 부풀려서 볼륨을 만들고, 줄기 부분에 주름을 잡으면서 한바퀴 감은 후 뒤쪽에서 비스듬하게 아래로 감아 고무줄로 임시 고정한다.

8 고무줄을 감추듯이 줄기 둘레를 감는 도중에 아래쪽을 접어서 두루주머니 모양으로 아름답게 정리하고, 다 감은 후에는 양면테이프로 고정한다.

9 허리끈으로 줄기 부분을 3바퀴 감고, 한쪽만 나비매듭으로 묶는다.

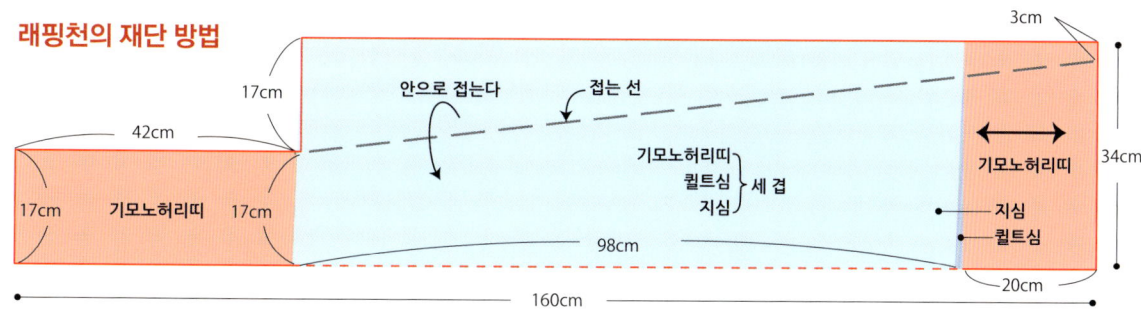

래핑천의 재단 방법

17cm
42cm
안으로 접는다
접는 선
3cm
기모노허리띠
퀼트심 │ 세 겹
지심
17cm │ 기모노허리띠 │ 17cm
34cm
기모노허리띠
지심
퀼트심
98cm
20cm
160cm

라운드
일본 스타일 부토니아

화재 · 부속품

① 기모노허리띠 (폭 34×43cm)
② 끝을 염색한 둥근 띠 (굵기 1mm×길이 320cm)
③ #24 그린와이어
④ 알루미늄포일
⑤ 티슈
⑥ 플로럴 테이프
⑦ 키르탄서스 2줄기
⑧ 달리아(흑접) 1송이
⑨ 죽대 1줄기

완성 사이즈

길이 35cm
가로 16cm

어레인지먼트

1 죽대의 앞쪽에 고저 차이를 두어 키르탄서스, 달리아를 밸런스에 맞춰 다발로 만든다.

2 줄기 부분에 플로럴 테이프를 감아 고정하고, 단면은 티슈로 감싸 수분을 유지한다.

3 다시 티슈 위를 알루미늄포일로 싼다.

4 래핑은 기모노 허리띠로 그림처럼 재단하고, 접어서 준비한다.

끼운다.

5 래핑천의 중앙에 부토니아를 놓고 좌우로 포장하는데, 왼쪽은 오른쪽의 접는 분량 안에 끼워서 원으로 연결한다.

6 줄기 아래쪽은 아름답게 주름을 잡아 와이어로 고정한다.

래핑천의 재단 방법

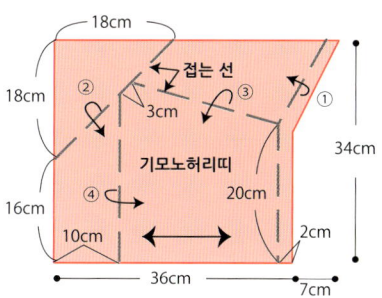

7 염색한 끈을 네 겹으로 접고 6의 와이어 위를 감추듯이 빙글빙글 감아서 한쪽 나비매듭으로 마무리한다.

크레센트

마린블루
부케

화재 · 부속품

① #24 그린 와이어
② 플로럴 테이프
③ 끝을 염색한 리본(블루) (폭 10mm×길이 56cm)
④ 와이어가 삽입된 칼라 메시 리본 (폭 15mm×길이 68cm)
⑤ 새틴 리본(화이트) (폭 16mm×길이 56cm)
⑥ 드라이 플로럴 폼(지름 7cm) 1개
⑦ 접착제
⑧ 컬 와이어 (브라운)
⑨ 조개껍데기 10개
⑩ 블루 비즈(#24 그린와이어를 끼워 반으로 접은 것) 25개
⑪ 웨딩용 마실 캡 (원형) (지름 15×12cm) 1개
⑫ 소프트 로즈 小 (스카이블루) 8송이/ 피어스+인서션 메소드/ #24 와이어
⑬ 소프트 로즈 특大(스카이블루) 5송이/ 크로스 메소드(111p 참조)/ #24 와이어
⑭ 소프트 로즈 大 (스카이블루) 8송이/ 크로스 메소드/ #24 와이어
⑮ 소프트 수국 헤드(블루) 17송이/ U핀+트위스팅 메소드/ #24 와이어
⑯ 페퍼 그라스 26줄기
★ ⑫~⑯은 프리저브드 플라워
※ 프리저브드 플라워(204p 참조)

완성 사이즈

길이	20cm
가로	42cm
폭	20cm
리본부분	62cm

어레인지먼트

1 웨딩용 마실 캡에 스티로폼 공을 얹고 #24 그린와이어의 끝을 마실 캡의 와이어 부분에 U자로 구부려 부착한다.

2 와이어의 반대쪽 끝 부분을 드라이 플로럴 폼에 감고 마실 캡에 꽂아 넣는다.

3 마실 캡을 뒤집어 2의 와이어 끝을 구부려서 부착한다.

4 똑같은 방법으로 교차시킨 와이어 2개를 감아서 마실 캡이 떨어지지 않게 한다.

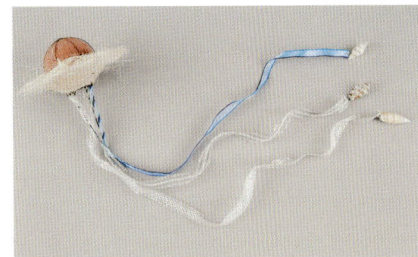  

5 각각의 리본 위쪽에는 #24그린 와이어의 U핀을 통과시킨 후 꼬아서 고정한다. 아래쪽은 조개껍데기에 구멍을 뚫어 얇은 와이어로 고정하고, 리본은 손가락에 감아 컬을 만든다.

6 센터 탑에는 소프트 로즈 특大를 중앙에 꽂고, 소프트 로즈 大를 양 사이드와 앞쪽, 뒤쪽에 꽂아 아웃라인을 정한다.

7 아웃라인에서 벗어나지 않도록 소프트 로즈 특大 · 大를 하나씩 꽂는다.

※ 조개껍데기의 구멍은 뾰족한 스크류드라이버를 사용하면 간단히 뚫을 수 있다.
웨딩용 마실 캡의 삼족(三足) 상부에 리본의 와이어를 단 후 다리 부분에 감는다. 와이어의 아랫부분은 접착제로 고정한다.

8 꽃송이가 큰 것은 중앙에, 바깥쪽으로 갈수록 작은 송이를 사용하면 부드러운 느낌으로 완성된다. 양 사이드에 페퍼그라스를 꽂아 초승 달 형태로 만든다.

9 초승달형의 아웃라인에서 벗어나지 않도록 소프트 수국을 꽂아 채운다.

10 페퍼그라스는 아웃라인보다 조금 길게 꽂아 움직임을 준다.

11 다시 길이에 차이를 주어 포인트로 비즈를 전체적으로 꽂고, 조개 껍데기는 구멍을 뚫어 와이어를 통과시킨 후 밸런스에 맞춰 길이를 다르게 하여 넣는다. 위에서 본 모습.

12 옆에서 본 완성된 모습.

73

크레센트
마린블루
부토니아

화재 · 부속품
① 플로럴 테이프
② 끝을 염색한 리본(블루)
   심 부분 (폭 10mm×길이 30cm)
   나비매듭 리본 (10mm×길이 60cm (#24 그린와이어 부착))
③ 소프트 수국 헤드(블루) 2송이/ U핀+트위스팅 메소드/ #24 와이어
④ 소프트 로즈 특대(스카이블루) 1송이/ 크로스 메소드/ #24 와이어,
   소프트 로즈 중 2송이/ 피어스+인서션 메소드/ #24 와이어
⑤ 조개껍데기(#24 그린와이어 달린 것) 2개
⑥ 비즈(#24 그린 와이어를 통과시킨 것) 1개
⑦ 페퍼그라스 3줄기
★ ③ · ④는 프리저브드 플라워
※ 프리저브드 플라워(204p 참조)

완성 사이즈
길이 20cm 가로 10cm

어레인지먼트

1 소프트 로즈 특대와 중 3송이는 높이를 조금씩 다르게 하여 밸런스를 맞춘다.

2 페퍼그라스는 길쭉하게, 소프트 수국은 아래쪽에 추가하듯이 배치하여 다발로 잡는다.

3 조개껍데기에는 구멍을 뚫어 비즈와 함께 1개씩 와이어로 펜다. 와이어는 반으로 접어 2에 밸런스를 맞추어 넣은 후 플로럴 테이프로 감는다(아래로 감는다).

4 30cm 리본은 끝을 2cm 정도 접어서 줄기 아래쪽을 감싸고 90°로 꺾어서 위로 감는다.

5 다 감았으면 마지막 링에 통과시킨 후 위에서 잡아당겨 1.5cm 남기고 잘라낸다.

6 폭 6cm의 나비매듭 리본을 만들고, 와이어로 화두의 아래에 달아 마무리한다.

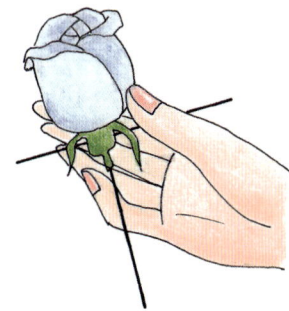

■ 피어스+인서션 메소드

비교적 줄기가 단단하고 그리 무겁지 않은 꽃에 사용한다. 특히 프리저브드 플라워는 특수한 약품을 사용하기 때문에 와이어를 감을 때 소재의 표면이 미끄러지기 쉽고, 피어스만으로는 안정되기 어려우므로 이 방법을 추천한다 (예: 소프트로즈 중).

1 꽃받침 부분에 와이어를 가로질러 끼운다.

2 밑에서 줄기에 와이어를 삽입하여 보강한다.

3 1의 와이어를 좌우로 구부려 아래로 내린다.

4 화두에서부터 아래로 플로럴 테이프를 감는다.

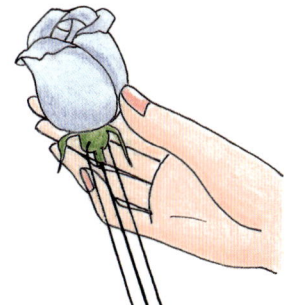

■ U핀+트위스팅 메소드(179p 참조)

와이어링한 소프트 수국이다.
반으로 구부린 와이어를 꽃의 가지에 걸고 줄기에 덧대어 트위스팅한 후에 플로럴 테이프로 감는다.

74

라운드
큐트한
볼 부케

화재 · 부속품

① #18 그린 와이어 · #24 와이어
② 와이어가 삽입된 장미문양 리본
　(폭 40mm×길이 1m)
③ 핑크 새틴 와이어 리본 (폭 60mm×길이 1m)
④ 드라이용 플로럴 폼(지름 7cm) 1개
⑤ 접착제
⑥ 로즈스카이라인(브라이덜 핑크) 16송이
⑦ 로즈스카이라인(퓨어 화이트) 10송이
⑧ 소프트 로즈 小(샴페인) 16개
　피어스 메소드/ #22와이어
★ ⑥~⑧은 프리저브드 플라워
※ 프리저브드 플라워(204p 참조)

완성 사이즈

길이 30cm
폭　 14cm

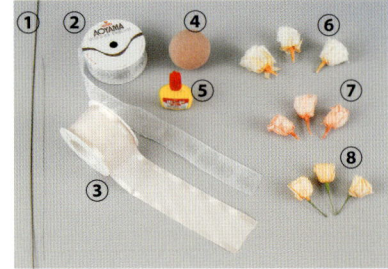

어레인지먼트

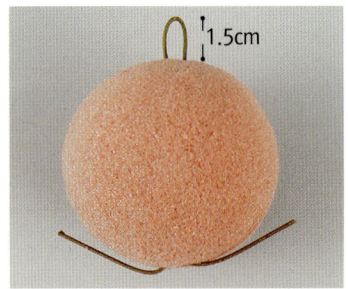

1 U핀으로 구부린 와이어를 드라이용 플로럴 폼에 끼워 통과시켜 위쪽은 1.5cm 남기고, 아래쪽은 구부려서, 와이어가 빠지지 않게 한다.

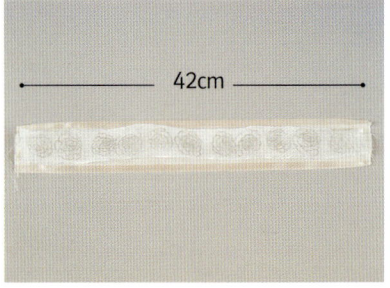

2 손잡이를 만든다. 핑크 새틴 리본 위에 장미문양 리본을 겹쳐 두 겹의 리본으로 만든다.

3 1에서 위쪽에 남긴 와이어의 링 부분에 2의 리본 끝을 둥글게 말아 통과시킨다.

4 리본의 양끝을 서로 반대쪽에서 통과시키고 왼쪽을 스테이플러로 고정시키면 손잡이가 완성된다. 아래쪽의 와이어는 2cm 정도 남기고 자른다.

5 손잡이를 들어 올려 로즈스카이라인, 소프트 로즈(小)를 밸런스에 맞춰 스티로폼 공 둘레에 꽂는다. 각각 줄기 끝에 접착제를 붙여 꽂는다.

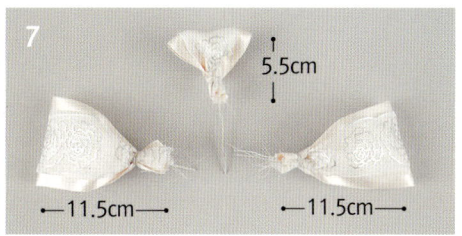

6 꽃을 다 꽂은 모습.

7 원루프 보우를 2와 마찬가지로 두 겹 리본으로 3개 만든다.

8 원루프 보우를 양 사이드와 앞쪽에 꽂아서 마무리한다.

■ 헤어핀 메소드 (장미 잎)

1 잎의 뒤쪽에서 와이어로 한 땀을 꿴 뒤 양끝을 아래로 구부린다.
2 와이어 1개는 위로 올려 따로 빼 놓는다.
3 와이어 1개와 줄기를 티슈로 감고 물에 적신다.
4 2에서 옆으로 빼두었던 와이어로 트위스팅한다.
5 플로럴 테이프로 티슈 부분을 감고, 계속해서 와이어를 아래로 감는다.
※ 장미 잎사귀 등 폭이 넓은 잎에 이용한다. 한 땀을 꿴 후에 헤어핀 모양으로 구부려서 트위스팅 하는 방법이다.

원루프 보우 만드는 방법

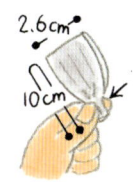

리본을 반으로 접어 아래쪽을 잡는다.

#26 와이어(20cm)를 반으로 접어서 3번감고 아래쪽을 꼰다.

75

핸드백
스윗한
핸드백 부케

화재 · 부속품

① 튤립 리본(펄) (폭 50mm×길이 130cm)
② 펄 비즈 (지름 6mm) 1봉
③ 드라이용 플로럴 폼 (8cm×13cm×3cm)
④ 접착제
⑤ 쵸핑(샴페인) 1 봉지
⑥ 로즈스카이라인(퓨어화이트) 6송이
⑦ 미니로즈(퓨어 화이트) 43송이
⑧ 펄 비즈가 달린 U핀 64개(지름 6mm의 펄 비즈
　64개 · 길이 6.5cm #24 흰색 와이어를 반으로 접음)
⑨ U핀(#24 흰색 와이어 6cm를 반으로 접은 것)
⑩ #22 와이어 3개(손잡이용)
★ ⑥ · ⑦은 프리저브드 플라워
※ 프리저브드 플라워(204p 참조)

완성 사이즈

높이 20cm
가로 15cm
두께 6cm

어레인지먼트

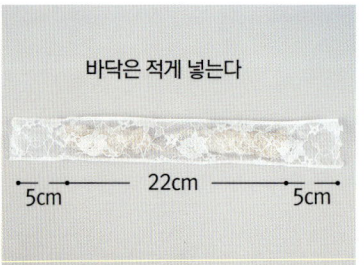

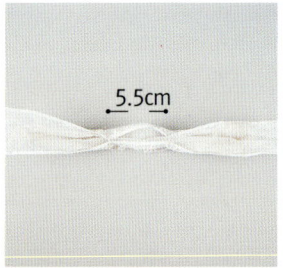

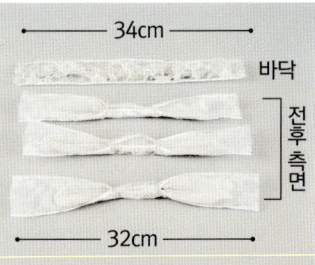

1 튤립 리본은 34cm 길이 1줄, 32cm 3줄로 자르고, 리본 속에 쵸핑을 끼워 넣는다.

2 쵸핑은 리본의 양끝을 벌려 둥글게 끼우는데, 바닥이 되는 부분은 평평하고 적게 채운다.

3 32cm 길이의 리본 3개는 뒤집어서, 바닥 중앙 5.5cm의 양끝 2곳을 U핀으로 집어 고정하면 리본이 입체적이 된다.

4 34cm 길이의 리본은 바닥용, 32cm 길이의 리본은 전후측면용이 된다.

5 드라이용 플로럴 폼의 중앙에 측면용 리본을 1개 감고, 탑 쪽에서 크로스해서 스테이플러로 고정한다.

6 같은 방법으로 나머지 2줄도 5의 좌우에 감아 측면을 만든다.

7 바닥용 리본은 요소에 접착제를 발라 드라이용 플로럴 폼에 붙인다.

8 바닥용 리본의 양끝은 U핀으로 고정한다.

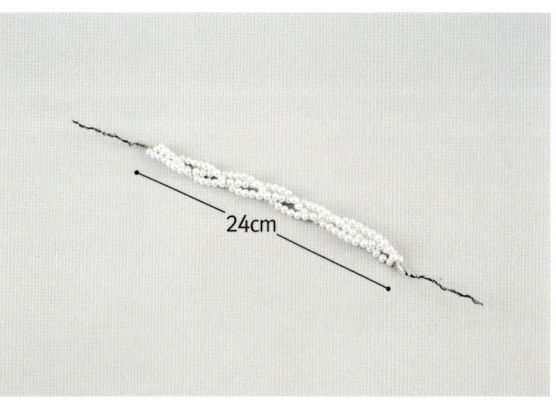

9 손잡이는 #22 와이어에 펄 비즈를 24cm 길이로 꿰어 3개 만든 뒤, 느슨하게 꼬아서 양끝의 와이어 부분에 고정한다.

24cm

10 손잡이의 와이어 부분을 6에서 감은 리본에 통과시켜 고정하면 베이스가 완성된다.

11 미니로즈의 줄기 끝에 접착제를 바르고, 리본 사이의 플로럴폼에 꽂는다.

12 미니로즈를 양 측면·바닥에 일렬로 5송이씩, 8곳을 꽂아 메운다.

13 로즈스카이라인을 위쪽에 5송이씩 꽂고, 비어 있는 부분은 미니로즈 3송이로 메운다.

14 펄 비즈가 달린 U핀을 측면·바닥의 미니로즈 양 사이드에 8송이씩 꽂아 장식한다.

76

라운드
평화로운 오후에는
꽃을 장식해보자

화재 · 부속품
① 니겔라(블루 2줄기 · 화이트 1줄기)
② 케라스티움 5줄기
③ 날개하늘나리(멘튼) 1송이
④ 서머 스위트피 2줄기
플로럴 폼(지름 7cm 높이 1.5cm)

화기
2단기/ 높이 26cm 가로 26cm
냅킨홀더/ 높이 4cm 가로 5cm 폭 2.5cm
접시/ 높이 1.5cm 지름 20cm

완성 사이즈
접시 어레인지/ 높이 15cm 가로 25cm 폭 25cm
냅킨홀더/ 높이 9cm 가로 7cm 폭 4cm

어레인지먼트

1

2

3

4

1 플로럴 폼을 둥글게 깎아 접시 한가운데에 놓는다.

2 서머 스위트피 꽃을 1송이씩 나누어 플로럴 폼의 7할 정도를 가리듯이 꽂는다.
※ 니겔라의 깃털(실 모양)처럼 생긴 잎이 아름답게 보이도록 플로럴 폼이 흰색 서머 스위트피로 덮인 베이스를 만든다.

3 니켈라를 방사선형으로 전체에 꽂는다. 날개하늘나리를 왼쪽 안에 1송이씩 넣어 포인트 컬러를 만들고 케라스티움은 중앙 부근에 눈에 띄도록 넣는다.

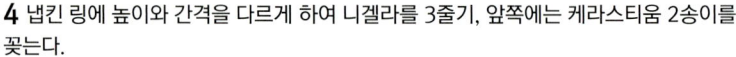

4 냅킨 링에 높이와 간격을 다르게 하여 니겔라를 3줄기, 앞쪽에는 케라스티움 2송이를 꽂는다.

5

5 냅킨을 4의 냅킨 링에 통과시켜 3과 밸런스를 맞춰 나란히 놓는다.

꽃을 꽂는 방법

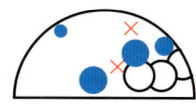
평면도

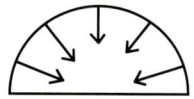
측면도

꽃의 종류
● = 니겔라(청)
× = 케라스티움
▽ = 날개하늘나리(멘튼)
○ = 서머스위트피

꽃의 줄기는 중앙을 향해 꽂아 꽃의 중앙에서 방사선형으로 나온 것처럼 보이게 한다.

※ 나머지 부분은 니겔라(화이트)로 채우고, 케라스티움은 니겔라(블루)의 옆에 꽂는다.

애프터눈티와 하이티

17세기 무렵 영국에서 마시던 일반적인 애프터눈티는 하루의 피로가 나타나는 오후 한때(오후 3시~ 저녁 식사 전)에 가볍게 샌드위치나 쿠키 등과 차를 즐긴 것이 유래이다. 하이티는 조금 늦게 시작하기 때문에(디너는 아니다) 가볍게 술이나 까나페 등이 곁들여 나오기도 한다.

잉글리시티⋯ 간단하고 맛있게 차를 끓이는 방법

Q. 향기도 맛도 좋은 홍차를 타는 방법은?
A. 찻잎에서 나오는 성분이 추출되는 홍차의 점핑이 중요하다!
홍차가 포트의 뜨거운 물에서 상하로 움직이면 향기도 맛도 좋아진다. 둥근 포트를 사용하면 대류점핑이 일어나기 쉽다.

Q. 홍차의 양과 넣는 시간은?

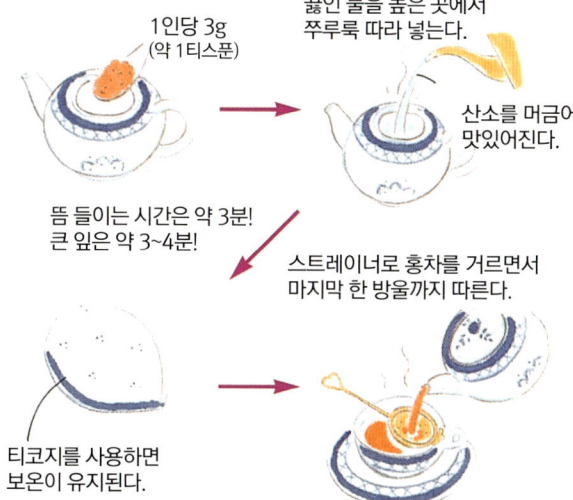

1인당 3g
(약 1티스푼)

끓인 물을 높은 곳에서 쭈루룩 따라 넣는다.

산소를 머금어 맛있어진다.

뜸 들이는 시간은 약 3분!
큰 잎은 약 3~4분!

스트레이너로 홍차를 거르면서 마지막 한 방울까지 따른다.

티코지를 사용하면 보온이 유지된다.

Q. 물의 온도는?

A. 끓는 물이어야 한다.
또 포트와 잔을 따뜻하게 데우면 온도가 갑자기 내려가는 것을 막을 수 있다.

Q. 티백은 맛있는지?

A. 따뜻한 포트에 우려내면 맛있게 마실 수 있다.
※ 합리성을 좋아하는 미국인이 만든 것이다. 티백은 추출이 잘 되도록 찻잎을 잘게 부수었기 때문에 우려내는 시간은 1분 정도면 충분하다.

티타임의 에티켓

꽃의 높이는, 착석의 경우 테이블에 팔꿈치를 괴었을 때 팔꿈치(테이블에서 손목뼈까지)의 높이(맞은편 상대의 목걸이나 넥타이가 보이는 정도)로 낮은 편이 좋다.
꽃은 1종보다 2~3종을 조합하여 화려하게 하거나, 손님의 취향에 맞추거나, 그 파티의 취지에 따라 선택한다.

※ 티세트는 흰색 자기를 사용하면 홍차가 맛있어 보인다.
※ 은기를 선호하는 이유는 은이 독에 반응한다고 믿어 왔기 때문인데, 커트러리를 은으로 만드는 것도 같은 이유로 보인다.

프리 -일본 스타일-

부드러운 잎에 감싸여…
따뜻함을 선사하는 동모란

화재 · 부속품
① 동모란(시마다이진) 2송이
② 빈병(구경 8.5cm 높이 9cm)
③ 화기(물주전자/ 구경 9.7cm 높이 11.5cm)
④ 천 폭 92cm×길이100cm

완성 사이즈
높이 25cm
가로 36cm
폭   30cm

어레인지먼트

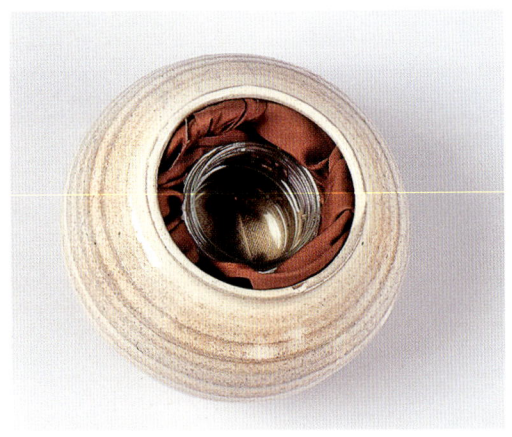

1 입구가 넓은 화기 안에 빈병을 넣고 모양을 가다듬는다. 화기와 동색 계열의 천으로 화기 아래와 빈병 둘레를 덮는다. 덮고 남은 천자락은 화기와 빈병 사이에 접어 넣으면 빈병이 움직이지 않도록 고정하는 역할을 한다.

2 봉오리가 있는 30cm 정도의 긴 동모란을 오른쪽 앞으로 기울여 넣는다.

3 꽃송이가 3할 정도 핀 25cm 정도의 짧은 동모란을, 먼저 넣었던 가지 위를 지나 빈병의 바닥까지 꽂고, 왼쪽 앞으로 향하게 한다.

측면도

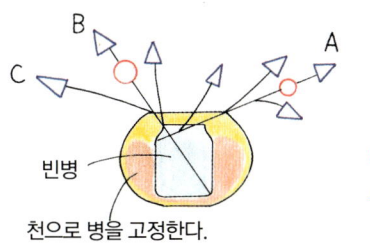

빈병

천으로 병을 고정한다.

평면도

○=모란 꽃
△=모란에 달린 잎

45°
90°

스케일

A=긴 쪽은 화기(높이+구경)×1배 이내
B=A×약 1/2
C=A×약 2/3
※ A · B · C 모두 화기 입구에서부터의 길이

꽃을 꽂는 방법

A는 비스듬하게 45° 정도 앞으로 내려 입구(빈병) 바로 아래의 볼륨 부분에 대고, 화기의 외측 테두리에 기대어 비스듬하게 꽂는다.

B는 A의 위를 통과해 병의 바닥까지 넣고, A에서 90° 방향으로 기울이면 A가 꽃을 고정하는 역할을 하여 B가 곧게 서기 때문에 싱싱한 느낌이 된다.

다회에서 찻자리 꽃을 꽂을 때에는

※ 간혹 예외가 있지만 일반적으로 찻자리에는 가시가 있는 꽃을 사용하지 않는다(예외: 장미는 장춘長春이라고 하여 길한 꽃으로 여기는 듯하다).

※ 유독식물은 일절 사용하지 않는다.

※ 꽃은 늦게 피는 것보다 빨리 피는 것을 선호하며, 향기가 강하거나 지나치게 화려한 꽃은 사용하지 않는다.

※ 이름 모를 꽃, 울림이 좋지 않은 이름의 꽃은 사용하지 않는다.

※ 악취를 동반하거나 꽃가루가 날리기 쉬운 꽃은 피한다.

※ 꽃의 수는 짝수를 피하고(2는 길하게 여긴다), 홀수를 선호한다.

차를 맛있게 달이는 방법

정성껏 달인 차는 하루의 행복이 될 수도 있다.

Q. 전차煎茶를 아무리 맛있게 달이려고 해도 되지 않는다. 비결을 좀?
A. 녹차의 맛있는 성분인 아미노산이 나오면 맛있어진다.

Q. 아미노산을 끌어내기 위해서는 어떻게 해야 하는지?
A. 미지근한 물에 차를 달이면 아미노산이 우러나온다.

Q. 미지근한 물이라면 몇 도 정도인가?
A. 70~80° 정도가 가장 적당하다. 뜨거운 물을 다기에 천천히 따를 때마다 온도가 7~10° 전후(계절에 따라 다르다)로 내려간다.
또 다관과 찻잔을 데우는 동안에 숙우의 물도 조금씩 식는다.

Q. 찻잎의 양은 어느 정도가 좋은가?
A. 찻잎의 양은 1인당 약 2g(약 1티스푼이 안 되게)이 적당하다.
※ 단 1인분만 달일 경우에는 조금 많게(3g) 한다.

Q. 우려내는 시간은 얼마가 좋을까?
A. 뜨거운 물을 따르고 약 1분 정도 우려낸 후 마지막 한 방울까지 따라낸다.

Q. 다인수의 차를 끓일 때는?
A. 농도를 일정하게 유지하기 위해서 왼쪽에서 오른쪽, 오른쪽에서 왼쪽으로 돌아가며 따르고, 마지막 한 방울까지 남김없이 따른다.
※ 두 번째는 고온에서 10초 정도 기다렸다가 홀짝인다.

차를 식히는 방법

뜨거운 물을 숙우에 따른다.

숙우
(식힘사발)

다관과 찻잔에 물을 따라 데운 후에 버린다.

다관에 찻잎을 넣는다.

숙우의 물을 다관에 넣는다.

숙우 70°~80°

부케 스타일과 드레스 디자인의 매칭

드레스를 입거나 꽃을 들 때 그 사람의 분위기나 체형을 살리는 방법을 알고 있으면 아름답게 돋보이도록 할수 있다. 여기에서는 '부케 스타일과 드레스 디자인의 매칭'으로, 이 책에 게재하고 있는 다양한 타입의 부케를 드레스의 실루엣에 적용하여 소개한다.

드레스의 실루엣과 부케 스타일

A라인-캐스케이드 부케

알파벳 A처럼 윗부분이 작고 끝자락으로 갈수록 넓어지는 실루엣이다.

부케는 흘러 내리듯이 아름다운 스타일의 품격 있는 캐스케이드가 잘 어울린다.

엠파이어라인-볼 부케 등

프랑스의 엠파이어 시대에 유행한 드레스로, 언더 바스트라인에 절개선이 있고 하이웨이스트이기 때문에 스커트의 실루엣이 가녀리고 직선적이다.

자연스러운 체형의 아름다움을 표현한 드레스에는 이런 심플한 볼 부케나 소박한 이미지의 소재를 페러렐로 묶은 사랑스러운 부케가 좋다.

슬렌더라인-암 부케

슬렌더란 늘씬하다, 말랐다라는 뜻으로 몸의 라인에 피트되어 가녀리게 보이는 실루엣이다.

피트되는 특징을 살려 성인 여성을 의식한 암 부케나 샤워 부케가 좋다.

프린세스라인-라운드 부케

드레스의 웨이스트에 이음선이 없고, 세로 절개선을 넣어 웨이스트는 가늘고, 바스트와 힙을 강조하면서 드레스 자락이 넓어진다.

우아한 영국의 무드가 감도는 이런 드레스에는 청초하고 스타일리시한 라운드 부케나 크레센트 부케가 잘 어울린다.

벨라인-라운드 부케

매달아 놓은 종 모양의 실루엣. 스커트 부분이 살짝 종처럼 보이는 것이 특징이다.

화려함과 귀여움을 겸비한, 가장 인기 있는 이드레스에는 차밍한 라운드 부케가 잘 어울린다.

머메이드라인-크레센트 부케

무릎까지는 몸에 달라붙고, 끝자락은 인어의 꼬리처럼 개더가 들어간 실루엣이다.

로맨틱하고 엘레강스한 이미지에는 화려하면서도 우아함을 겸비한 크레센트 부케가 잘 어울린다.

미니 미디 길이-백 스타일 부케

미디 길이란 무릎이나 허벅지 정도까지 오는 스커트를 말한다.

가든파티나 피로연 파티에 어울리는 이 드레스에는 한손에 들어도 밸런스를 유지할 수 있는 백 스타일 부케를 추천한다.

부케의 밴딩 기법

핸드 타이드 부케 hand tied bouquet

스파이럴 spiral

중앙의 꽃을 둘러싸듯이 같은 방향으로 서서히 비스듬하게 돌려 감아서 줄기가 나선형이 되는 것을 말한다. 힘이 너무 들어가지도 너무 약하지도 않게 엄지와 검지로 둥글게 잡은 크기 속에서 화재는 균일하게, 꽃다발 쪽을 돌리면서 밴딩한다.

※ 꽃에 각도를 주면 볼륨감을 만들 수 있다.

패러렐 parallel

꽃이나 잎을 다발로 묶는 부분의 줄기를 평행하게, 똑바로 묶는 방법이다.

※ 아름다운 줄기나 잎은 그 자체가 디자인이 된다.

(내추럴 스템의 부케는 들기 직전까지 물에 담가 두면 최대한 싱싱함이 유지된다.)

부케홀더 부케 bouquet holder

흡수 스폰지와 손잡이가 달려 있는 부케용 기구에 꽃을 꽂는 방법이다.

※ 물기를 유지할 수 있기 때문에 섬세한 화재도 사용할 수 있고 화재의 선택범위가 넓다.

※ 완성되면 무겁다.

와이어링 부케 wire bouquet

부토니아도 와이어링 부케의 일종이라고 할 수 있다. 모든 화재에 와이어를 해서 다발로 묶는 방법이다.

※디자인하기 쉽고 완성되면 가볍다.
※제작하는 데 시간이 걸리고 보존성은 좋지 않다.

부케홀더+와이어링 부케 bouquet holder+wire bouquet

홀더에 직접 꽂을 수 있는 화재 외에 길이나 강도를 가중시키기 위해 와이어를 하는 방법이다.

※디자인하기 쉽고 부케홀더와 와이어링의 장점을 살릴 수 있다.

프리저브드 플라워

Q 최근에 주목받고 있는 프리저브드 플라워 ^{Preserved Flower} 란 무엇인가?

A 생화를 특별하게 가공한 꽃으로, 생화처럼 촉촉한 감촉과 부드러움이 있다.

주의

※ 다소 차이가 있지만 촉촉한 감촉과 부드러움을 유지하기 위해서 흡습성이 있는 약품을 약간 사용한다. 인체에는 무해하지만 장마철이나 습도가 높을 때에는 수분을 흡수해 투명한 느낌이 들기도 하는데 말리면 원래대로 돌아온다.

※ 장마철 등 습도가 높을 때에는 상기 사항에 따라 물이 떨어질 수도 있으므로 웨딩부케에 사용하는 경우에는 드레스에 직접 닿지 않도록 신경 써야 한다(또 바닥에 놓으면 내려놓으면 그 부분에 색깔이 물들 수 있으므로 주의한다).

※ 직사광선이 닿는 곳에 장시간 방치하면 퇴색할 수도 있다.

Q 인기 비결은?

A ※ 손질에 따라 꽤 오랜 시간 동안 아름다운 상태를 유지할 수 있다. 조급해하지 말고 차분히 자신을 위한 캐스케이드 부케를 제작해보는 것은 어떨까?

※ 종류도 풍부하고 미묘한 컬러도 구비되어 있고 생화처럼 계절에 따라 구입하기 어렵지 않다. 물을 주지 않아도 되기 때문에 수고스럽지 않아서 '생화 손질은 힘들다' 라고 생각하는 분들에게 적합하다. 차밍한 볼 부케나 핸드백 부케에도 물이 흐를 걱정 없이 간단하게 어레인지할 수 있다.

꽃의 표정이 변했거나 습기로 변형된 경우

1 변형된 꽃(꽃잎이 딱딱하게 굳은 상태).

2 손으로 바깥쪽 2~3장 정도까지 1장씩 편다.

3 사진처럼 글루건으로 꽃잎 사이에 공간을 만들어 표정을 만든다.

4 찢어져 상처가 있는 꽃잎 등은 가위나 핀셋으로 제거하고 정돈한다.

5 꽃이 막 피어나는 듯한 표정을 만든다.

플라워 어레인지먼트에는 꽃의 형태뿐만 아니라 배색이 중요한 포인트이다.
여기에서는 기본적인 컬러의 관계를 알기 쉽게 정리했다.

색의 기본

1차색
빨간색, 파란색, 노란색을 1차색(원색)이라고 한다.

2차색
1차색을 동량으로 섞어 만든 색깔(오렌지색, 녹색, 보라색)을 말한다.

3차색
1차색(원색)과 2차색을 동량으로 섞어 만든 색(빨간색 계열, 오렌지색 계열, 노란색 계열, 녹색 계열, 파란색 계열, 보라색계열)을 말한다.

색의 3요소

색상
꽃의 컬러에는 빨간색이나 오렌지색, 노란색, 녹색, 파란색, 보라색 등 각 색조의 차이를 색상이라고 한다.

채도
색조의 강한 정도를 말한다. 색조가 강한 색은 채도가 높고, 색조가 약한 색은 채도가 낮다고 할 수 있다. 색조가 더 강한 색이 순색이 되고, 여기에 무채색을 가하면 채도는 낮아진다.

명도
색의 밝은 정도를 명도라고 한다. 명도가 가장 높은 색이 흰색이고, 가장 낮은 색이 검은색이다.

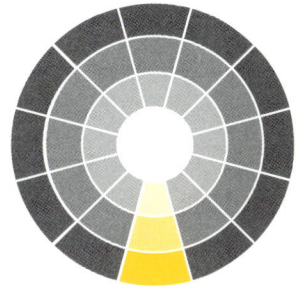

단채색(Monochromatic
색조가 동일한(단채색) 조합이다. 통일감이 있어 은은한 배색이지만 변화가 적다. 흰색을 더하면 밝아지고 검은색을 더하면 어두워진다. 단채색은 원래 같은 색이다.

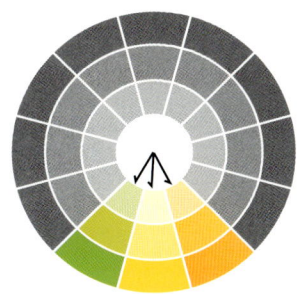

유사색(analogous
색조가 가까운 것끼리의 조합으로, 역시 통일감이 있어 은은한 배색이지만 변화가 적은 배색이기도 하다. 명도와 채도를 충분히 고려해야 한다.

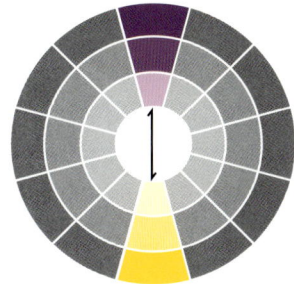

보색(complementary
반대되는 색의 조합으로 콘트라스트가 강하고 변화가 풍부한 배색이다.

트라이어드(triad
색상환(컬러 서클)의 중심에서 정삼각형 위치에 있는 색의 조합을 트라이어드라고 한다. 서로 대조적인 관계에 있는 삼색은 조화가 잘 된 좋은 배색이 된다.